WEICHENGNIANREN JIANCHA

未成年人检察

2024年第4辑 · 总第36辑

最高人民检察院未成年人检察厅/编

中国检察出版社

图书在版编目（CIP）数据

未成年人检察．2024年．第4辑：总第36辑/最高人民检察院未成年人检察厅编．--北京：中国检察出版社，2025．--ISBN 978-7-5102-3165-0

Ⅰ．D669．5

中国国家版本馆CIP数据核字第2025B3E168号

未成年人检察（2024年第4辑）

最高人民检察院未成年人检察厅　编

责任编辑： 杜英琴
技术编辑： 王英英
美术编辑： 徐嘉武

出版发行： 中国检察出版社
社　　址： 北京市石景山区香山南路109号（100144）
网　　址： 中国检察出版社（www.zgjccbs.com）
编辑电话：（010）86423766
发行电话：（010）86423726　86423727　86423728
（010）86423730　86423732
经　　销： 新华书店
印　　刷： 北京联兴盛业印刷股份有限公司
开　　本： 710 mm×960 mm　16开
印　　张： 13
字　　数： 165千字
版　　次： 2025年3月第一版　　2025年3月第一次印刷
书　　号： ISBN 978-7-5102-3165-0
定　　价： 60.00元

《未成年人检察》
编委会

目　录

优秀课题选编

工作研究

业务论坛

域外视野

典型案例

优秀课题选编

性侵害未成年人犯罪大数据治理实践研究

——以Q市检察机关地方实践为样本

刘玉仙　王　涛　邓扬城　谢金华　朱芷宣*

近年来，性侵害未成年人犯罪案件频发，涉案的未成年被害人低龄化让人触目惊心，一些案件严重挑战社会道德底线和人伦底线，亟须通过综合施策斩断伸向未成年人的罪恶黑手。但实践中，未成年人的自我保护意识和能力低，加之性侵害未成年人犯罪案件通常发生在私密空间，部分治理责任主体履职不到位、怠于履职或不正确履职时有发生，未能形成有效合力，导致性侵害未成年人犯罪治理难度极大。习近平总书记强调，谁掌握了数据，谁就掌握了主动权。随着大数据、云计算、区块链、人工智能等技术加速创新，社会正逐步进入“万物皆数”的数字时代，大数据在法治建设和社会治理中的重要作用日益凸显，为有效治理性侵害未成年人犯罪提供了重要引擎。Q市检察机关高度重视数字检察工作，在性侵害未成年人犯罪大数据治理方面进行了充分探索，取得了积极成效，现以该市实践为样本进行分析研究，探究对司法实践和社会治理的参考价值。

* 刘玉仙，广东省清远市佛冈县人民检察院副检察长；王涛，华南师范大学法学院教授；邓扬城，广东省英德市人民检察院综合业务部主任；谢金华，华南师范大学法学院硕士研究生；朱芷宣，华南师范大学法学院本科生。

一、数据治理基本概述

本文分析的“数据治理”主要是指对数据有关的事务采取的行动集合，包括运用一定的数据分析方法和分析工具，对数据进行整合、清洗、分析、评估以及应用等，贯穿于从数据产生到数据最终被有效利用的全过程，最终通过数据高效运行和使用，在法律监督和社会治理中充分发挥价值的动态过程。

传统治理方法因缺乏线索来源、来源渠道窄、获取不及时等，总体上处于被动或等靠状态。各部门的信息数据不流通，导致各部门融合不够、各自为战，使得社会治理工作零散化、碎片化，缺乏系统性、规模性，社会治理整体效应不强。受治理方式、手段、渠道、能力等多方面的掣肘，传统治理方法在发现和纠正深层次问题上不够有力，社会治理效果不够有为。与传统的治理方法相比，数据治理通过解析个案、梳理数据要素、构建监督模型等方法，有的放矢开展大数据的筛选、比对、碰撞，输出批量问题线索，打破信息壁垒，实现社会资源配置效果的放大、叠加、倍增，实现依法治理、系统治理以及深层次治理，为高质效促进社会治理现代化提供重要契机。

随着时代的发展，数据治理已经涉及社会生活的方方面面。性侵害未成年人犯罪大数据治理就是要在数据整合的基础上，通过充分应用各种数字技术，对影响性侵害未成年人犯罪发生的数据进行分析、碰撞、研判，结合数据反映出的现状，为开展社会综合治理、有效预防和整治该类犯罪提供基本遵循和行动指南。课题组通过归集 Q 市检察机关性侵害未成年人办案数据以及该市公安机关、审判机关、行政单位等外部数据，整合互联网等有关公开或公共数据，进行数据清洗、分析、对碰，并对相关案件逐一进行研判，发现问题提出建议，最终形成课题报告。

二、大数据呈现的性侵害未成年人犯罪问题现状

美国管理学、统计学家戴明曾说“任何人都必须用数据说话”①。我国被誉为“法学先驱”的管仲曾说“不明计数而欲举大事，犹无舟楫而欲经于水险也”。用数据说话，用数据决策，数据分析研判在大数据时代已经融入日常工作，精准的数据分析有助于清晰认识到问题所在，找到解决办法，提高决策能力。

对于性侵害未成年人犯罪治理而言，运用统计分析和数据分析方法，通过对大数据进行分类整理、汇总描述、量化分析，剖析各种数据的相互联系，反映治理情况，研判运行态势，掌握性侵害未成年人犯罪的现状和问题，总结该类犯罪发生的规律，就是为了进一步开展针对性施策治理提供决策依据。以广东省Q市为例，检察机关司法办案后端积累了大量数据，如何利用这些数据，实现到位、精准的法律监督和综合治理，是摆在检察机关面前的重要课题。通过对办案数据的分析研判，发现2020年至2023年8月，Q市检察机关对受理的性侵害未成年人犯罪案件提起公诉331件394人，占全市起诉案件的3.4%，罪名主要集中在强奸和猥亵两类，占比91.53%。数据反映出性侵害未成年人犯罪呈现出的特点除了熟人作案特征明显等共性问题，还显现出一些比较突出的问题，有待进一步解决。

（一）被害人视角反映的性侵害未成年人犯罪现状

1. 被害人呈低龄化趋势，折射出被害人缺乏自我保护能力和性教育缺位等问题。数据显示，性侵害未成年人犯罪中被害人的年龄分布在14—18周岁（包含14周岁）的占27.49%，14周岁以下的占72.51%。14周岁以下的被害人主要分布于6—12周岁（包含12

① https：//www. sohu. com/a/276491364_726533，2023年11月8日访问。

周岁），占比 54.58%；其次为 12—14 周岁，占比 33.33%；6 周岁以下的占比 12.09%，其中最小的被害人年龄仅为 2 岁。

通过深入分析以上数据反映的情形，不难发现当前未成年人自我保护能力低，性知识和性自我保护能力明显滞后于未成年人身心发育需要。51 件案件属于被害人“自愿”与犯罪行为人发生性关系，近四成被害人在怀孕后才向父母求助。当前学校、家长对于“性”话题依然保守僵化，对性教育持“鸵鸟心态”①。一些幼女将性行为视为社交手段，认识时间极短就与网友发展成为“男女朋友”并“自愿”发生性关系，或因缺少父母关爱或与父母发生矛盾，外出寻找感情慰藉。少男少女早恋“偷尝禁果”不在少数，普遍法律意识淡薄，犯罪行为人多表示不知道即便幼女同意发生性关系也涉嫌强奸罪，暴露出当前未成年人性教育和法治教育仍存在较大空白。对被害人来说，因早恋涉及刑事案件，身心受创、名誉受损不可避免。例如，赵某某强奸案中，11 周岁的被害人装扮成人化，通过某社交软件与 18 周岁的赵某某聊天相约见面的当天晚上就“自愿”发生性关系。又如，梁某某强奸案中，被害人与母亲闹矛盾，遂与同学外出，晚上在其“男朋友”梁某某家中过夜时两人发生性关系。

2.“早婚早育”陋习仍有影响，“小夫妻”案件客观存在，后续处理困难较大。此类案件 9 件均发生在偏远农村地区，当事人往往过早辍学，受教育程度低，社会阅历浅。监护人法治意识淡薄且受民风陋习影响，不认为早婚早育违反法律规定。有的是男女双方自愿发生性关系后，经父母出面商谈彩礼并举办婚礼；有的是因女方已怀孕生育，男女双方家长乐见传宗接代甚至举办满月宴。例如，温某某强奸案中，温某某明知被害人不满 14 周岁仍与其发生性关系，被害人生育小孩后申请入户时案发，但双方确系自愿结婚组建家庭，

① 鸵鸟心态在心理学上又称鸵鸟综合症，由美国心理学家 Elliot Weiner 提出。鸵鸟在遭遇危险时会把头埋入沙坑，蒙蔽视线自认安全，最终却被袭击。引申到现实生活中，是一种逃避现实、自欺欺人的心理，也是一种不敢面对问题的懦弱行为。

并经双方父母同意按风俗习惯举行了婚礼，收受了彩礼，共同居住养育小孩。早婚早育限缩了个人发展选择，扩大了留守儿童群体，并给家庭带来沉重负担。此类案件的处理关系着天理、国法、人情，不能不打击，但单纯打击也不能解决问题，反而会滋生更多的社会问题。

3. 性侵害智力或精神障碍未成年人犯罪频发，边缘化弱势群体缺乏应有的社会关爱和保护。在提起公诉的331件案件中，被害人患有智力或精神障碍的有30件，占比9.06%。智力或精神障碍未成年人表达能力和自我保护能力弱，被侵害时不知呼救、无法呼救，被侵害后又不能及时报警，难以被发现。例如，丘某某强奸案中，丘某某明知14周岁的被害人智力低下，仍多次对其强奸或猥亵，被害人母亲也存在智力缺陷，无法及时报警，直至被害人叔叔发现异常才得以案发。此外，部分智力或精神障碍未成年人的家属将他们视为家庭“包袱”“耻辱”，日常看护不足或发现异常后未予重视，致使他们长期处于危险境地。例如，肖某某强奸案中，15周岁患有智力残疾二级的被害人此前已因监护缺位被他人性侵害，但其监护人仍未吸取教训，没有实质性加强看护，致使其在一年后又被他人性侵害。

4. 未成年男性遭受性侵害比例见涨，男童性安全不容忽视。在传统的认知里，性安全和性保护的注意力几乎集中在女性，进而忽略了对遭受性侵害犯罪男性未成年被害人的保护①。数据显示，在研究范围内，被害人为不满14周岁男童的有29人，反映出男童的性权利和性自我防卫意识亟须引起社会关注和重视。例如，张某某强制猥亵、猥亵儿童案中，长达6年时间里张某某多次在酒店、学校教学楼、教师宿舍内猥亵10—15周岁的11名男性被害人；又如，陈某某猥亵儿童案中，陈某某先后6次在路口、酒店等地以“鸡奸”方式

① 朱沅：《性侵害男性未成年人的法律思考》，载《青年探索》2014年第5期。

对 10—13 周岁的 5 名男性被害人实施猥亵。

（二）侵害人视角显现的性侵害未成年人犯罪现状

1. 共同生活的家庭成员伦理性犯罪时有发生，折射出社会层面与司法层面的双重保护困境。在331 起案件中，犯罪行为人与被害人是熟人关系的占比达 70.4%，多为亲属、同村村民、邻居等关系。相较于陌生人作案，熟人因对被害人家庭情况、生活习惯比较了解，作案手段上，通常是先用食物、糖果、零食或玩具等进行诱骗，再带被害人到自家屋内或隐蔽处，强迫被害人顺从，作案后一般都会威胁被害人严守秘密或施舍钱财，作案更为隐蔽、更难发现，且多为“零口供”案件，大部分犯罪行为人甚至缺乏最基本的悔罪态度。

这类犯罪往往是监护缺失，被害人警惕不足，犯罪行为人作案相对“容易”“便利”。如留守儿童缺乏有效监护，重组家庭的祖母帮助抚养儿童给了犯罪行为人可乘之机。例如，周某某猥亵儿童案中，被害人父母长年在外打工，对其缺乏有效监护，长期由祖母抚养，祖母与周某某同居形成事实婚姻后，周某某从被害人 10 周岁开始多次乘被害人祖母外出时对被害人进行猥亵。

被害人缺失性教育和情感羁绊，意识不到性侵害带来的影响，往往“不会”报案。例如，卢某某强奸案中，卢某某长期与被害人母亲以夫妻名义同居，并与被害人一同生活。卢某某不仅对被害人及被害人表妹、同学等 4 名幼女进行性侵，曾同时与被害人母亲及 4 名幼女在同一场所发生性关系，还涉及性虐待等恶劣情节，并致使 2 名幼女怀孕，严重挑战人伦底线。被害人母亲的参与让被害人出现情感羁绊，加上性教育严重缺失，导致被害人一直没有意识到性侵害对自己的伤害，案发后被害人甚至请求对卢某某从宽处理。最终，卢某某因犯强奸罪被判处死刑立即执行。

此类犯罪对被害人身心伤害严重、贻害无穷，法定监护人、负有照顾义务的熟人实施的性侵害，因为特殊身份的掩护，性侵害普遍次数多、时间久，尤其是精神上的阴影甚至会跟随被害人一生，在其成年后容易出现“自我矮化”，恐惧与异性接触，认为自己不配得到关爱等，无论是在家庭保护、社会保护层面，还是在司法保护层面，都需要强化对此类犯罪的治理力度。

2. “师源性侵害”存在，乡镇、乡村小学或教学点成为教职人员性侵害犯罪高发场所。在提起公诉的331件案件中，教职人员性侵害学生案件14件，占比4.23%，其中，教师性侵害学生13件，学校后勤人员性侵害学生1件。此类案件多发生在农村地区，作案地点多在学校教室、办公室、宿舍等场所，有的案件发生时还有多名学生在场。一些犯罪行为人有观看浏览黄色网络视频等不良行为，在观看淫秽视频后心生犯意，且在犯罪前具有某些显著的异常表现，如明显过分偏爱某一学生、给予特殊照顾、在课外与学生在私密空间单独相处时间较多等。例如，吴某某性侵案中，吴某某系对学生负有照护职责的人员，明知被害人为该校学生，仍以金钱交易方式与被害人在学校办公室发生性关系。

3. 女性参与性侵害犯罪比例上升，未成年问题女性分级干预缺乏。在研究范围内，女性参与性侵害犯罪的有10件，参与犯罪的女性有13人，未成年女性有10人。参与犯罪的未成年女性家庭关系都较为复杂，或父母长期在外打工，或父母离异，或父母失联，家庭关系疏远、离散，成长过程中得不到应有的关爱和正确的引导，致使她们产生畸形的性价值观以及扭曲的性需求，最终诱使她们积极参与性侵害犯罪。例如，杨某（女）强奸案中，在杨某与社会人员林某某交往过程中，林某某要求杨某介绍同学与其发生性关系，杨某以殴打、恐吓等方式强迫同班女同学到宾馆与林某某发生性关系。又如，陈某某（女）、黄某某（女）强制猥亵、侮辱案中，二人伙同不满16周岁的林某等三人，在宾馆对被害人进行殴打、脱光衣裤并拍摄视频，并将视频通过网络转发给多人。

（三）犯罪诱因呈现的性侵害未成年人犯罪现状

1. 网租房、宾馆、网吧、娱乐歌舞厅等场所违规接纳未成年人现象仍然存在，为性侵害犯罪提供了便利。在提起公诉的331件案件中，案发地点在酒店、宾馆以及网吧、KTV等场所的有54件，占比16.31%，反映出部分宾馆、酒店等未落实接待未成年人入住“五必须”[①]要求，违规接纳未成年人入住；网吧、KTV、酒吧等场所未严格落实未成年人禁入规定，导致未成年被害人在上述场所内遭受性侵害。需要重点关注的是，网约房、公寓的订房业务通过手机网络就可以完成，且凭房间密码即可入住，存在监管漏洞，导致发生在网约房、公寓的性侵害案件增多。

2. 酒精、依托咪酯等麻醉性药品和淫秽视频成为性侵害犯罪的重要诱因。因醉酒和使用依托咪酯[②]等麻醉性药品导致性侵害犯罪的有72件，占比21.75%。部分烟酒类经营者违法向未成年人兜售烟酒，犯罪行为人通过引诱未成年被害人喝酒或吸食依托咪酯（烟粉），趁被害人醉酒或意识不清与其发生性关系。例如，曾某某、黄某某等四人轮奸案中，四人向被害人提出共同发生性关系被拒绝后，便合谋灌醉被害人轮奸；又如，邓某某、梁某某强奸案中，邓某某、梁某某明知被害人未满14周岁仍邀请被害人共同吸食依托咪酯（烟粉），后趁被害人意识不清而无力反抗与被害人发生性关系。在70

① 公安部根据2021年6月1日施行的修订后的《未成年人保护法》等法律法规，对旅馆业经营者接待未成年人入住提出“五必须”，具体如下：（1）必须查验入住未成年人身份，并如实登记报送相关信息；（2）必须询问未成年人父母或者其他监护人的联系方式，并记录备查；（3）必须询问同住人员身份关系等情况，并记录备查；（4）必须加强安全巡查和访客管理，预防针对未成年人的不法伤害；（5）必须立即向公安机关报告可疑情况，并及时联系未成年人的父母或其他监护人，同时采取相应安全保护措施。

② 国家禁毒委员会《依托咪酯依赖性折算表》指出，依托咪酯，英文名称Etomidate，中文名称（R）-1-(1-苯乙基)-1H-咪唑-5-羧酸乙酯，其折算标准为1克该物质相当于0.4克海洛因。根据国家药监局、公安部、国家卫生健康委员会《关于调整麻醉药品和精神药品目录的公告》，依托咪酯（在国内批准上市的含“依托咪酯”的药品剂除外）被列为第二类精神药品目录，自2023年10月1日施行。

件由未成年人实施的性侵害犯罪案件中，多数涉案未成年人长期通过网络观看淫秽视频，或在网络平台购买淫秽视频，导致性观念扭曲，最终走上犯罪道路。

3. 以网络 App 为媒介型犯罪增多，利用网络"隔空猥亵"、胁迫、诱骗未成年人进行裸聊成为性侵犯罪新手法。研究范围内，有 66.7% 的案件犯罪行为人通过网络认识、联系被害人进而实施性侵，约 5% 的案件涉及使用手机拍摄被害人被侵害过程并通过网络传播。此外，还出现了专门在网络诱骗未成年人的案件，如梁某强奸案中，梁某长期通过网络软件搜索、添加在校学生各类聊天账号，通过金钱诱惑的方式，引诱学生互相介绍，获取未成年被害人个人、学校、家庭信息，之后利用低龄女学生的天真单纯，对感情、物质方面缺乏正确认知，或通过甜言蜜语、物质诱惑，或通过威胁恐吓，实现性侵的犯罪目的。更有甚者通过获取的学生信息冒充学生本人进入班级群、校友群、同乡群等。部分犯罪行为人将性侵过程进行录制威胁被害人，甚至在被害人意图拒绝、反抗时将性侵视频、照片等编辑的不实信息在被害人学校、交友群内传播，以此控制被害人，"警示"其他不听话的被害人。

三、大数据在性侵害未成年人犯罪治理中的检察实践

当今，将数字技术引入检察领域，"大数据赋能法律监督"理念已凝聚成检察机关的共识，法律监督模式正在发生重塑性变革，"数字检察"上升为检察机关的重要战略。浙江、湖北、广东、北京等多地检察机关摸索出一条"个案办理—类案监督—系统治理"的数字检察新路径，形成了"业务主导、数据整合、技术支撑、重在应用"的数字检察工作机制。以广东省 Q 市检察机关地方实践为例，该市检察机关以"人人都是建模者，全员都是数字员"为理念，全体检察人员积极参与数字检察工作，尤其在性侵害未成年人犯罪治理上，探索出"依法履职出题，综合履职答卷，一体履职施策"的

数字检察新路径。

（一）借助便捷、经济、有效的工具对性侵害未成年人犯罪进行大数据查因

检察机关在履职过程中接触和产生了庞大的数据，但拥有大数据并不是我们的目的，从数据中了解有效信息，让数据赋能打击犯罪、保障人权，赋能社会治理，才是我们需要重点关注的。要实现数据的真实价值，精确的数据分析无疑是关键所在。如上所述，在性侵害未成年人犯罪治理中，只有通过数据分析研判，找出性侵害未成年人犯罪的特点和原因，才能在社会综合治理中有的放矢。构建大数据法律监督模型，借助数据分析工具和分析方法进行数据查因，是将检察工作与数字技术相结合批量产出法律效能的高效举措。

1. 便捷、经济、有效的数据分析工具及具体操作方法。高投入、高技术手段固然能更快达成大数据查询的效果，但广东省 Q 市属于三线城市，经济基础和技术手段与发达地区还有差距，因地制宜借助便捷、经济、有效的工具和常用数据分析方法亦不失为行之有效的方式。例如，成本低、经济但便携、高效的工具，如 OCR 识别技术，其主要功能是将图片、PDF 等文件转化为可复制可编辑的文档，方便办案人员提取所需文字。Q 市检察机关的扫描仪自带 OCR 识别功能，经过扫描的材料会被 OCR 识别成可直接复制的模式。Q 市检察机关引进的“小包公”智能法律平台，同样配置了 OCR 识别功能，相关扫描文书上传后，系统会自动提取文字，供使用者复制。还有一些免费软件如 Umi - OCR，主要用于图片的文字识别，操作简单，还支持截图转换、批量转换、文本输出功能。又如常用文本搜索工具 FileLocator Pro 软件，可以设定文件类型和所在路径，也可以使用并、或、非等逻辑语句进行多种条件搜索指定的关键词，还具有压缩包搜索功能，逻辑语句相对简单易学。还有办公常用的 Excel 表格软件，其自带的高级筛选、数据透视、函数、公式等本身就具

有分析数据的功能。数据分析最基础的逻辑思路就是筛选、碰撞、比对，从而得出“同质”或者“异质”线索，也就是常说的关联分析方法、对比分析方法和漏斗分析方法。在查找性侵害未成年人犯罪背后的诱因时，Q市检察机关通过批量调取公安机关、检察机关等性侵害未成年人违法犯罪的卷宗及相关法律文书扫描PDF版本，以案号及行政相对人命名，通过OCR识别软件转换后，放在统一的文件夹，再使用上述所讲文本搜索工具对预先设置的监督点进行搜索，检索出具有监督点（如吸食依托咪酯、文身、喝酒、酒店宾馆等）的案件。根据需要进一步对数据进行清洗，复制报告部分到WPS表格，然后用分列、查找替换等方式把不必要的文本删除，筛选出需要重点关注的案件信息，再对相关案件进行人工核查，全面查找案发动因。

2. 数据分析比对查找犯罪的深层次社会问题。针对研究范围内的数据反映出旅馆业违规接纳未成年人入住致使宾馆、酒店成为性侵害未成年人犯罪多发频发地的情况，Q市检察机关借助便捷、经济、有效的工具和数据分析方法，采用表格进行数据碰撞。调取旅馆业治安管理信息系统未成年人入住信息，形成Excel表格，通过表格函数对“同住人员数量多、年龄和地域分布广”“长期入住”“入住次数多”“与不同异性入住”“入住时间为深夜和凌晨”“入住时间和退房时间间隔很短”等未成年人入住异常标签进行碰撞、分析和人工审核，梳理出未成年人入住异常线索，查明涉及的宾馆有无按规定进行登记、有无违规接纳未成年人入住、有无履行强制报告责任等情形，从而推动旅馆业规范经营。Q市Y基层检察院，利用这种方式筛查出27条未成年人入住异常线索并向公安机关移送，督促相关部门对涉及的30余间旅馆进行行政处罚，促使75家住宿经营者签署承诺书和责任书，开展专场培训37场次。

3. 延伸数据分析触角进一步查找治理责任主体。性侵害未成年人犯罪案件发现难，除了作案地点和手段隐秘，是否还有其他的原因，需要进一步拓展分析思路。由此便构建了对医疗机构是否有效履行侵害未成年人犯罪案件强制报告职责的监督模型，并重点关注性侵害未成年人犯罪。首先，以表格化归集各医院诊疗系统中的未成年人就诊数据，通过Excel表格软件的自动筛选以及公式函数，对未成年人怀孕、流产，生殖器官等隐私部位遭受或疑似遭受性侵害或其他非正常损伤、感染严重性病等监督点提取为异常标签进行筛选，比如对幼女设置“孕、产、人流、流产、引产”等关键词作为异常标签进行筛选，即可得出该类监督点所显示的异常诊疗数据。其次，通过归集公安机关、检察机关办案系统性侵害未成年人违法犯罪被害人名单数据，利用Excel表格软件的函数对上述发现异常的诊疗数据进行查重，得出司法机关尚未掌握的异常数据。最后，针对筛查出的案件线索调取诊疗记录，人工比对核实，不仅可以发现医疗机构未履行强制报告责任的线索，还可以发现公安机关对性侵害未成年人案件治安处罚等数据“刑事下行”的立案监督线索。

（二）构建大数据法律监督模型群，推动性侵害未成年人犯罪数据治理取得实效

在数字检察方面，Q市检察机关提出了“小切口要向体系化集约化发展，横向差异化要与纵向一体化统筹”的工作思路和要求，各业务条线将“小切口”建立的大数据法律监督模型集约化、体系化、模块化，组合成刑事、民事、行政、公益诉讼“四大检察”等更加系统、更加综合的大数据法律监督“子母模型”，全面提升数字检察办案成效。在此基础上，Q市检察机关形成性侵害未成年人犯罪类案法律监督大数据模型群，蕴含通过大数据梳理、比对、分析、研判的涉未成年人公共利益负面清单和监督要点，重点包括医疗机构履行侵害未成年人案件强制报告制度监督模型、旅馆业违规接纳未成年人监督模型、从业禁止大数据监督模型、猥亵儿童行刑衔接立案监督模型、督促监护大数据模型、校园周边娱乐场所等未成年人不

宜进入场所的监督模型、未成年人吸食“依托咪酯”电子烟监督模型、违规向未成年人售卖烟酒监督模型等。

模型群的构建，能进一步推动大数据赋能性侵害未成年人犯罪法律监督和社会治理的深度融合，结合便捷、经济、有效的大数据分析技术，在涉及未成年人的不同领域（刑事、民事、行政、公益诉讼领域）案件中全流程同步审查其他领域线索、Q市检察机关整理出涉未成年人案件“四大检察”监督要点232项，盘活医院诊疗系统、旅馆业等重点行业近300万条数据，发现医疗机构未全面落实强制报告制度、旅馆业违规批量成案线索，督促对120多家旅馆作出行政处罚，促成人力资源、公安等部门开展娱乐性场所专项巡查；调取教育局教职员工数据近5万条，督促教育机构严格落实从业查询、从业禁止制度，督促解雇6名教职人员，从源头和机制上把好学校教职员工的准入关，构建更加牢固的未成年人保护“安全阀”；运用司法救助线索筛查大数据模型筛查出性侵害未成年人犯罪司法救助线索，发放司法救助金100余万元，为遭受性侵害的未成年被害人纾困解难。

四、性侵害未成年人犯罪数据治理的对策建议

通过对性侵害未成年人犯罪案件大数据的分析研判，了解司法的真实逻辑，探究案件背后的真实动因和制度性漏洞，发现类案问题和系统性问题，更精准更全面地解决深层次根源性顽疾，有效提升治理效能，护航未成年人健康成长。

（一）探索涉未成年人数据安全共享机制

数据是社会治理的基础性资源，中共中央、国务院印发的《关于构建数据基础制度更好发挥数据要素作用的意见》提出，“数据作为新型生产要素，是数字化、网络化、智能化的基础”，因此，推进性侵害未成年人犯罪大数据治理，首要的是做实数据的汇聚、整合、

管理、应用，让数据“开口说话”。性侵害未成年人犯罪治理所涉及的数据，尤其是与未成年人个人信息相关的数据，极具隐私性、敏感性等特点，在数据安全共享方面存在更大的困难。实践中，一些单位仅靠一份公函就实现了很多数据共享，供应单位和接收单位虽表明会对数据进行保护，有些还全程加注密码，由专人保管，但缺乏有效、通用的安全保护办法和机制，对使用主体、使用方式、使用范围等都没有明确规定，使得在数据共享、整合方面顾虑重重。在性侵害未成年人犯罪数据治理中所需的数据，敏感度更强，如何实现或保障其中涉及未成年人隐私数据的安全共享以满足数字治理之需成为迫在眉睫的重大难题。

1. 分等级使用和保护数据。2021 年 9 月 1 日起施行的《数据安全法》第 3 条所规定的数据安全，是指通过采取必要措施，确保数据处于有效保护和合法利用的状态，以及具备保障持续安全状态的能力。该法第三章详细规定了数据安全制度，其中第 21 条明确规定国家要建立数据分类分级保护制度，根据数据在经济社会发展中的重要程度，以及一旦遭到篡改、破坏、泄露或者非法获取、非法利用，对国家安全、公共利益或者个人、组织合法权益造成的危害程度，对数据实行分类分级保护。性侵害未成年人犯罪数据治理所涉及或所需求的数据种类不同，隐私性、敏感性不同。来源于司法机关和行政单位的内部数据，比如政法单位的办案数据、医疗机构的诊疗数据，相对于直接来源于网络的公开数据，其涉密性更强，因此，在数据获取或共享上，应当严格按照分类分级保护的要求，根据隐私性、敏感性程度以及一旦泄露会产生的影响，按公共、内部、受限、机密等区分“红黄蓝绿”或“一二三四级”等不同保护等级而予以保管、储存、共享、使用。同时，应当制定详细的数据安全预案和相关问责机制，提升数据管理、使用工作人员的安全意识和防范能力。

2. 制定科学的数据分类标准。对于性侵害未成年人犯罪数据的分类，可以根据某些特征或属性将数据组织成类别，并分配适当的标签，具体可以根据隐私度或者敏感度的不同对数据进行分类，也可以根据组织的需求和目标不同进行分类。关键在于标准分类方案的设立要确保数据分类一致且准确。数据在创建后立即进行分类是最好的方法，而不是等到需要时才进行分类，这可以确保敏感信息从一开始就受到适当的保护。根据性侵害未成年人犯罪数据的敏感度进行划分，比如对涉及未成年人的个人信息设定一个类别，以个人信息为标签，医院数据可以设定标签为诊疗数据，这些数据因为隐私性强，应当设定较高级别的安全保护；而对于酒店、娱乐场所、旅馆业等的经营信息，可以根据不同行业或系统进行分类，如旅馆业经营信息，这些数据绝大部分是公开信息，其保护等级应当最低。划分之后，就可以通过实施适当的控制来共享、使用以及保护数据。对于性侵害未成年人办案数据等敏感度强的数据，要有更强的身份验证或额外的保密措施，或者只授权有限的个人或单位依法使用。

3. 做好数据共享的安全保护。数据共享是一把“双刃剑”，既能带来数字化技术的方便快捷，也可能引发隐私保护等安全问题。性侵害未成年人犯罪治理方面隐私性极强的信息数据一旦泄露，就可能危及当事人的身心健康安全。在具体实践中，要以数据的合法使用、有限使用和有效应用为原则，不能过度扩大使用权限。不能简单地理解为将所有有关的数据归集、整合过来，储存在自己的大数据池就是数据共享。根据治理措施或者办案需求，精准获取数据、使用数据才是数据共享的应有之义。Q 市检察机关提出了“案件办到哪里，数据找到哪里；找到数据促办案，办好案件拓数据”“依据办案找数据用数据，立足办案建模型用模型”等数据共享方法，在促进数据有效利用方面非常实用。因此，在涉及未成年人数据安全共享方面，便捷、经济、有效的方法就是根据个案或类案治理需要寻求敏感性等特殊数据的定向协同获取。也就是说，根据需要、根据协调、根据申请来获取特许数据。这就需要从制度层面进行规范，以便对相关数据的采集行为进行有效规制，避免过度采集，同时借助专业的信息安全保护技术，完善相关数据库的保护机制，确保数据安全性。在进行数据共享时，供应部门应当同步告知数据分类及安全保护级别，接收部门应当采取不低于供应部门的保护级别进行同步保护，且在考虑共享传递介质时，也应当根据数据分类以及安全保护级别的不同，采用对应安全保护级别的介质。

（二）探索经济欠发达地区性侵害未成年人犯罪数据治理的技术路径

信息技术是数据治理的关键，也是重要支撑。信息技术发展衍生了人工智能等高科技技术，挑战和改变了法律工作方式或服务方式，影响了整个法律执行的格局。2018 年 LawGeex 公司创造的人工智能与 21 名精英律师组成的团队进行保密合同审查比赛，结果 AI 以平均 94% 的准确率（律师中表现最好的为 85%）和 26 秒的超速度（律师最快需要 51 分钟）击败精英律师。在这场比赛中，AI 能够理解法律文书的意思，分析其中的法律概念，这个功能是靠内置的法律语言处理和法律语言理解模块来实现的，支撑其运行的正是深度学习和自然语言处理技术①。基于庞大的规则数据库，在裁判事实与裁判规则之间反复多次运转，最终作出相应判断。

1. 便捷、经济、有效的技术符合当前需要。人工智能发展的影响当然包括检察工作。检察工作因其充分且终局的数据资源、专业且畅销的经验知识储备、完全且静态的信息环境和特定领域的有限责任等特性成为继医学领域之后人工智能发展的又一个重要领域②。但在实践中，受工作经费、资源、技术限制等各种因素的影响，能模仿人类认知、模拟人类思维模式并作出相应判断的人工智能前沿

① 吕桐弢：《奇点临近：人工智能能否取代法官》，载《电脑知识与技术》2020 年第 7 期。

② 孙树光：《论法定犯裁判事实证成中人机协同系统的建构》，载《当代法学》2020 年第 2 期。

技术还难以运用到司法领域。尤其是在经济欠发达地区，目前的司法运行基本是半人工智能或弱人工智能技术，如Q市检察机关只能利用经济有效的、日常办公的软件技术，通过输入关键信息对海量的司法数据进行甄选和识别，完成对关键词的搜索、提取和判断等数据分析。实现经济欠发达地区性侵害未成年人犯罪的数据治理亦是一项考验。从Q市检察机关的实践来看，90%以上的法律监督数据对比分析用表格即可实现，便捷、经济的技术工具的数据治理方式是可复制可推广的有效方式。

2. 培养数据思维与学习分析技术。从Q市检察机关的经验可知，司法实践中的大数据分析并非全都依赖于“高大上”的人工智能技术，或者说距离强人工智能的大数据技术还有差距，关键在于要有敏感的数据意识和数据能力，方法上可以借助通用数据软件、工具。人工智能成本过高，当普遍使用的“弱人工智能”经济、常见的数据分析技术可以达到数据治理的目的，在经费和技术限制的情况下，暂时不必要追求高投入、高科技的研发路线，掌握低成本或者零成本，易上手、好操作但有效的数据分析技术才是真正实用的。性侵害未成年人犯罪数据治理面对的治理点多、涉及面广，但借助大数据分析就容易了许多，大数据分析的实质就是提升批量化处理治理线索的能力，很多数据分析用Excel表等常用的数据库工具、软件就能解决，以近乎零科研成本的方式极大地提升了数据治理和法律监督能力。做好性侵未成年人犯罪治理的关键还是在于如何运用数据思维发现案件线索指向的数据异常点，探求其内在发生的真实逻辑动因，想办法减少该动因对犯罪的作用。Q市检察机关提出“在技术人员学业务与业务人员懂技术之间优先选择后者”的数字检察理念显然更加高效和实用。

（三）探索构建性侵害未成年人犯罪大数据前置预警式规范制度

引发性侵害未成年人犯罪的因素很多，上述Q市检察机关的数据分析研判结果和治理实践已充分证明。每一起案件的发生总会有一些前置性的原因，比如不良信息接触、网络沉迷、夜不归宿、喝酒吸烟、出入娱乐场所等不良行为的影响，都有可能诱发违法犯罪或者遭受性侵害。这些前置性的原因既包括侵害人、受害人的个体因素，也涵盖了学校、社会等对个人施加的不同影响，最重要的是家庭环境、成长环境对人的影响，其本质是在不同环境下接受不同信息，这些信息会内化为人生观、价值观和世界观。随着网络信息技术的发展，未成年人触网年龄不断降低，网络也已成为未成年人接触信息的重要渠道，对其影响也成倍增长。

1. 强化网络信息源监管。在性侵害未成年人犯罪治理中，通过大数据建立前置预警式规范，控制未成年人接触信息的来源，过滤掉一些充满负能量的不良信息，是消除该类犯罪的一个重要而有效的途径。如运用大数据对有色情含义的关键词、隐语、图片、视频等进行筛查，营造清朗网络空间；优化网络实名制制度，对于不严格贯彻实名注册制度的软件，在应用上架阶段就予以阻拦；运用人脸识别技术，对未满 18 周岁的用户自动应用青少年模式，尽量减少未成年人接触色情信息；对于未成年人权益受到侵害的投诉及时处理；压实网络服务提供者强制报告责任，发现异常应当立即停止向用户提供网络服务，保存有关记录，并同步推送至强制报告大数据共享平台或报告网信、公安机关等部门。

2. 强化相关场所监管。前置预警式规范还运用在公安机关现有的旅馆业治安管理信息系统基础上，只需新增未成年人入住旅馆风险自动预警模块即可，启动人脸识别功能，对成年人及未成年人进行大数据分析，比对双方是否属于监护或亲属关系，对男性非监护人带未满 14 周岁幼女或带处于醉酒、昏迷、意识不清等状态的未成年人入住旅馆，自动推送至公安机关，公安机关及时出警，发现有违法犯罪线索的即刻处理。同理，该系统可拓展应用在 KTV、酒吧、网吧等法律明确规定不适宜未成年人活动的场所。此外，进一步拓展用于不悬挂标识、不设立前台、线上预订、网络交易的网约房新经济业态，可以探索建立网约房业态治理检察监督模型，推动将网约房纳入常态化监管范围。

（四）建立完整的性侵害未成年人犯罪数据治理体系

《未成年人保护法》确立了对未成年人“家庭、学校、社会、网络、政府、司法”六大保护，其中第6条规定，保护未成年人，是国家机关、武装力量、政党、人民团体、企业事业单位、社会组织、城乡基层群众性自治组织、未成年人的监护人以及其他成年人的共同责任。由此可见，对于未成年人保护，我国实行的是共同责任制，有效预防性侵害未成年人犯罪的发生也是全社会的共同责任。社会治理需要多元治理责任主体协同共治，需要链接与整合多元责任主体的力量和资源，构建共建共治共享的治理格局。

1. 数据治理现状。实践中，由于部门利益、体制区隔、技术能力等多方面原因，导致数据治理碎片化，难以形成有效合力，治理体系化不强。基于数据交换标准以及平台授予权限、数据安全、技术壁垒等，综合治理整体布局被孤立的系统和平台割裂，受数据部门利益的认知影响，缺乏利他分享、部门合作的数据治理理念，数据共享和跨部门信息协同阻力重重。尤其在性侵害未成年人犯罪数据治理方面，因其主体的特殊性，归集数据的难度显著上升，出于安全考虑使得各区块链数据难以通过统一的数据平台进行共享。即使已经建立平台，其数据量也难以满足综合治理的需求。在法律法规对职责规定不清晰的领域，实践中也较容易出现部门之间对监管职责互相推诿的情况，如网约房、日租房、公寓等住宿新业态实名登记制度尚无统一规定和标准，对接纳未成年人未落实“五必须”导致未成年人被性侵的问题，行政单位均认为不属于自己监管范围而不管，从而出现了“监管真空”。

2. 建立常态化、综合性的基础数据治理平台，探索开展部门间的协作渠道和模式。性侵害未成年人犯罪因存在未成年人受侵害诱因不同以及其个体差异等原因，相较于其他治理精细化要求更高，多元治理责任主体的有效衔接更为重要，首要解决的是职能部门条和块之间的信息系统整合问题。目前，广东省已经建立了粤平安综合网格管理服务平台，可将未成年人及其家庭的基本信息纳入全省网格化服务管理信息系统数据采集范围，全面采集、提前掌握网格内未成年人，特别是农村留守儿童、流动儿童、孤儿、事实无人抚养儿童、残障儿童等未成年人及其所处的家庭基本信息情况。依托未成年人检察公益诉讼观察员制度，探索构建“网格员 +”基层妇联、社会工作者、医护人员、律师、检察官等专业人员组成的儿童保护小组，通过每月定期开展家庭访视、家庭会议、家庭辅导等预防教育，提前掌握未成年人及其家庭的特殊困难和需求，特别是未成年人在身体、情绪、行为和人际交往等方面异常情况，统筹分流给当地相关职能部门研判会商、联动处置，严防侵害未成年人事件瞒报、漏报。充分发挥群众基层组织的监督合力，将未成年人家庭亲权监督纳入基层群众监督体系，在村委会或居委会中设立村民、居民针对家庭亲权监督的自治体系，对管辖区域内有未成年人的家庭登记造册并定期走访。可以联合妇联、村居委探索异地监护人监护督导工作，通过大数据核查监护情况，对有能力履行监护责任而不履行的，及时依法给予教育、训诫。通过部门的协作，发挥基层治理群防群治优势，及时全面掌握容易遭受侵害的未成年人群体，全力做好预防阻断工作。

3. 加大法治保障力度。加快涉未成年人社会治理数据隐私保护立法，完善对性侵害未成年人信息的安全监管机制，加大对泄露隐私数据的惩戒力度，在此基础上建立性侵害未成年人社会治理所需数据的共享开放制度规范。对于涉未成年人社会治理所需的数据实行分级保护，对于高度隐私的数据，规定共享渠道、方法和安全评估；对于可以公开的数据，直接通过区块链系统平台实现共享。

五、结语

相较于其他社会治理，性侵害未成年人犯罪数据治理的精细化、私密性保护等要求更高，多元治理责任主体的有效衔接直接影响着治理成效。高成本投入高人工智能的数据治理模式目前还未能实现大规模推广，要实现性侵害未成年人犯罪治理效能唯有另辟蹊径。建立涉未成年人数据安全分级管理、分类共享机制，依托完整的性侵害未成年人犯罪数据治理体系，借助便捷、经济、有效的数据分析工具对犯罪诱因进行数据查验，输出涉未成年人公共利益负面清单或监管要点，实现前置性预警，多元治理主体共同履行法定职责实现综合治理。以经济、有效的低成本投入不断推动性侵害未成年人犯罪数据治理和法治建设现代化，即使在经济欠发达地区也可以率先实现。

未成年人监护权检察监督规范化与实质化研究
——以C直辖市司法实践为分析样本

刘 伟 张霞非 张 雷*

一、问题的提出

党的二十大报告提出“加强检察机关法律监督工作”。2023年9月，最高人民检察院印发《2023—2027年检察改革工作规划》，提出“加快建设公正高效权威的中国特色社会主义检察制度，更好服务保障在法治轨道上全面建设社会主义现代化国家。”为此，各地各级检察机关应当强化“在办案中监督、在监督中办案”的理念，通过现代化履职方式，推动法律监督工作更加规范化、实质化，努力让人民群众在每一个司法案件中感受到公平正义。未成年人监护权检察监督，是检察机关依法监督、考察监护人的监护行为，履行对未成年人监护权监督职责，从而保障未成年人的人身、财产及其他合法权益不受侵害的一种法律监督方式，是国家公权力介入家庭自治的重要形式之一，其制度运转需要规范化和实质化。就未成年人监护权检察监督而言，应当按照《2023—2027年检察改革工作规划》总体目标的要求，从着力实现法律监督理念、体系、机制、能

* 刘伟，重庆市人民检察院第四分院党组书记、检察长；张霞非，重庆市人民检察院第四分院未成年人检察部三级检察官助理；张雷，重庆市人民检察院第四分院业务管理部一级检察官助理。

力现代化入手让监督运转更为规范化，从高质效办好每一个案件，努力让监督运行更为实质化。

在未成年人监护检察监督制度的发展过程中，检察机关先行先试，进行了一系列有益探索。20 世纪 90 年代初，上海市长宁区人民检察院率先探索在观护帮教过程中对涉罪未成年人的监护人进行教育指导。2010 年，上海市检察机关全面探索建立强制亲职教育制度。2015 年，江苏省徐州市铜山区人民检察院探索办理全国首例由检察机关支持起诉、民政机关申请撤销监护人资格的案件。2019 年，福建省福州市人民检察院创设“督促监护令”。2020 年，上海市人民检察院制发全国首个省级家庭教育指导规范性文件。2021 年，最高人民检察院联合中华全国妇女联合会、中国关心下一代工作委员会出台《关于在办理涉未成年人案件中全面开展家庭教育指导工作的意见》，在全国各级检察机关全面推进家庭教育指导工作。2022 年以来，各地各级检察机关继续加大探索创新步伐。其中，以上海市虹口区人民检察院为代表的上海市检察机关又相继创立了包括调查评估、分级干预、监护监督员等在内的未成年人监护监督工作机制。

近年来，部分未成年人监护案件的司法应对，引发了我国学术界及实务界的广泛关注和持续讨论。而《民法典》《未成年人保护法》《家庭教育促进法》等重要法律的适时出台、修订和实施，为未成年人监护相关制度的探讨与完善提供了时代背景。未成年人监护权属于民法监护制度的一项重要内容，专家通常从民事法律的思维和视角来分析。总体而言，已有研究成果围绕现行检察机关对未成年人监护法律监督进行探讨，但大多侧重于检察监督的某一个方面或角度，如检察机关参与未成年人监护权撤销、未成年人监护考察制度研究。这些研究成果为未成年人监护权的检察职能保障的系统化理论研究打下了基础。

然而，就未成年人监护权检察监督规范化与实质化这一专门性课题而言，已有研究成果在数量上较少，缺乏时代特性，理论研究的系统性不足，缺乏具有时代性和专门性的实证研究，既有的研究仅着眼于检察职能的某一方面的制度构建，同时忽视了新的历史发展进程中对检察机关职能改革发展的时代要求，缺乏专门针对未成年人监护检察机关依法履职进行系统、详尽的实证考察和理论研究。目前尚没有论文对民法典背景下检察机关在未成年人监护权领域的职能作为的理论基础、基本内涵、功能、运行方式等系统全面思考，进而对未成年人监护权检察职能保障进行全面系统的研究。在此背景下，本文的研究具有以下两方面价值。

一方面，通过系统研究构建未成年人监护权领域范围内的全方位运转、规范化运作、实质化运行的检察监督体系。除了传统的检察机关督促起诉、支持起诉、参与诉讼等监督手段，还将构建检察机关就未成年人监护权提起行政公益诉讼、民事公益诉讼机制。将检察监督范围扩大至监护权的多个权益，在理论研究上，已经具备天然的理论基础，对该领域继续研究也有利于公益诉讼理论的深入发展，具有一定的学术价值。

另一方面，强化未检工作融合履职。近年来，检察机关依法履职，积极推动未成年人检察业务集中统一办理，统筹行使“四大检察”职能，助推未成年人监护权检察监督制度探索发展，取得良好实效。而未成年人保护仍然存在监督主体权责不明、监督内容有待完善、监督方式整合度不够、监督流程待细化、以社会支持为主要内容的监督配套机制不健全等问题。而要实现未成年人综合保护体系和能力的现代化，则必须坚持系统思维、辩证思维，落实未成年人的系统保护。检察机关作为诉讼监督者、公益诉讼检察承担者，对构建未成年人的系统保护、保障落实系统保护都承担着独特的责任。针对当前未成年人监护权保护的现实情况，需要将检察监督范围扩大至监护权的多个权益，而不仅限于监护权撤销，形成监护权的“督促行使—变更—撤销—指定”闭环检察监督体系，以此织密未成年人保护的司法“防护网”，解决以往“一撤了之”而实际未改善未成年人成长现状的局面。

二、未成年人监护权检察监督规范化与实质化的法理辨析

根据宪法的原理，国家公权介入私人领域必须通过正当程序，辅之以说明介入理由制度，并配备必要的救济方式和监督手段。检察机关在履行未成年人监护权检察监督职能时，必须加强规范化，最大限度确保未成年人的生存和发展，在监督过程中保持介入的谦抑性；必须加强实质化，做好隐私保护、避免二次伤害等工作，并提升对未成年人监护权检察监督工作的认识。

（一）未成年人监护权检察监督的概念界定

1. 未成年人监护权检察监督的概念。检察机关通过监督纠正失序的监护权，以维护未成年人的合法权益，是检察机关完善未成年人保护机制建设的重要方式之一。以往的监护权监督大多解释为对监护人履行职责的情况进行监督，而最高人民检察院在2022年提出“坚持以监护权监督为重点，做强未成年人民事检察”。故此，本文认为，未成年人监护权检察监督的概念外延除了监督监护人职责履行情况，还应包含对监护人选任和对监护失职、监督失职的事后救济等各方面民事工作，可谓广义的监督。本文认为未成年人监护权检察监督的概念有三个含义：一是监督应立足于公权力介入，强调国家责任；二是检察监督从监护人的选任以保障监护顺利开始，包括对监护失职及事后监督和保障救济；三是为保障监护职责的顺利履行，检察机关作为监督主体的职责应当依内容和职能划分。

2. 未成年人监护权检察监督的类型。下面将介绍两种主要的划分标准。

其一，以监督的效果为分类标准。一是预防性监护权监督。此类监护权监督中，履行监护权监督职能的检察机关可以对监护人不当的监护行为及时预警，防止监护人滥用监护权，避免因为监护人不

当的监护行为造成难以弥补的法律后果。其优势在于，检察机关能够通过向监护人发出监护督促令等方式及时警醒监护人，纠正监护人的不当监护行为，防止监护不当发展为监护侵害事件。二是救济性监护权监督。此类监督中，检察机关可以通过发出检察建议等方式，履行救济性监护权监督职能。此类监护权监督的优势在于，能够高效有力地避免未成年人的合法权益进一步受到侵害，通过法律手段惩罚监护侵害人。但是这种监督方式还需要检察机关辅助开展心理疏导、司法救助等措施，以进一步保障未成年人身心健康发展，减小因监护侵害带来的创伤问题。

其二，以监护存在的时间为分类标准。一是事前监护权监督。此类监护权监督是指监护人作出的某些特定的监护行为，需要检察机关的事先批准。必要的事前监护权监督能够更加有效地保障监护人的监护行为符合未成年人的真实意愿，最大限度保障未成年人利益。二是事中监护权监督。此类监护权监督中，检察机关监督监护人的监护行为过程，能够及时、准确、高效地保障未成年人在监护过程中的合法权利。三是事后监护权监督。此类监护权监督中，监护人做出影响监护人合法权益的重大决定性行为后，检察机关可以对行为是否符合未成年人权益进行分析与评估，以确认未成年人权益是否受到损害，从而决定是否需要进一步采取有效措施保障未成年人的合法权益。

（二）未成年人监护权检察监督的制度沿革

1. 法律规定的发展沿革。《民法典》总则第二章第二节明确了国家监护为“兜底”的制度①，是检察机关开展监护侵害与监护缺失等监护权监督工作的民事法律基础。修订后的《未成年人保护法》，针

① 《民法典》第 36 条规定：“监护人有下列情形之一的，人民法院根据有关个人或者组织的申请，撤销其监护人资格，安排必要的临时监护措施，并按照最有利于未成年人的原则依法指定监护人……”。

对现实中家庭监护的支持和监督措施缺乏的现状，规定了国家对未成年人监护权方面的责任，明确检察机关督促、支持起诉等职责①。此类规定为监护人缺位或监护人侵害未成年人权益案件提供了解决途径，并通过明确检察机关的督促、支持起诉和诉讼监督职能，有力地保障了未成年人的合法权益。② 2022 年 1 月，《家庭教育促进法》正式实施后，最高人民检察院也发出通知，要求各省级检察机关把开展家庭教育指导相关要求落实到监护权检察监督等具体工作中。

2. 司法规范的发展沿革。2020 年 3 月，最高人民检察院未成年人检察厅发布了《监护侵害监督典型案例》，为各地检察机关办理监护侵害类案件提供了具体明确的指引。2021 年 5 月，最高人民检察院未成年人检察厅发布《关于在办理涉未成年人案件中开展“督促监护令”工作的意见》，明确了检察机关向监护人发出“督促监护令”的重要意义、工作要求等具体内容，促进检察机关在办案中针对性督促监护人有效履职。③

（三）未成年人监护权检察监督的合理性剖析

1. 回应未成年人监护权的本质特征及监护权监督立法的时代需求。我国法律虽然明确了法定监护人担任监护职责的顺位，但是在实践中，有的未成年人父母死亡或履职不能时而其他法定监护人并不知晓该情况，以致监护权转移程序难以启动。另外，也存在父母以外的监护人不具有履行监护职责的资格或者互相推诿、逃避承担

---

① 《未成年人保护法》第 106 条规定：“未成年人合法权益受到侵犯，相关组织和个人未代为提起诉讼的，人民检察院可以督促、支持其提起诉讼；涉及公共利益的，人民检察院有权提起公益诉讼。”第 108 条第 1 款规定：“未成年人的父母或者其他监护人不依法履行监护职责或者严重侵犯被监护的未成年人合法权益的，人民法院可以根据有关人员或者单位的申请，依法作出人身安全保护令或者撤销监护人资格。”

② 参见林洋、游欢：《未成年人检察部门担任特别代理人的程序规则建构》，载《预防青少年犯罪研究》2022 年第 2 期。

③ 参见吴国平：《我国意定监护制度的适用与完善研究》，载《海峡法学》2022 年第 2 期。

监护职责的情况。由于现行法律缺乏对逃避监护责任追究的相关规定，导致监护侵害等事件频频发生，坚强有力的监护权监督制度的产生是回应新时代发展和未成年人权益保护的现实需求。

2. 基于专业办案力量的现实需求。检察机关是法律监督机关，有国家强制力作支撑，承担着打击犯罪、制止违法行为的职责，发现刑事、民事等案件中存在监护侵害等问题，能够在第一时间行使调查核实权，开展深入细致的调查、取证、核实等工作。相对于其他组织或个人，检察机关能够更加高效、专业地开展监护权监督职能。①

三、未成年人监护权检察监督规范化与实质化的实践探索

近年来，C 直辖市检察机关在最高人民检察院的指导下，结合我国未成年人司法保护的实际，吸取了国内外关于未成年人监护权检察监督的成功经验，通过多元化的方式履行监护权检察监督职能，针对个案的办理开展最有利于未成年人权益保护的监护权检察监督工作。为正确贯彻落实未成年人监护权检察监督工作要求，笔者对 C 直辖市三级检察机关自 2018 年至 2022 年的未成年人监护权检察监督工作情况进行调研，其实践现状和方式有较好的参考和研讨价值。

（一）未成年人监护权检察监督规范化与实质化的工作情况分析

2018 年至 2022 年，C 直辖市检察机关共办理监护侵害案件 85 件 91 人，检察机关对 67 件支持起诉撤销监护权，获得法院支持 62 件，撤诉 5 件，起诉撤销监护权率为 72.9%；共办理监护缺失案件 94 件 101 人，对 64 件采取支持起诉方式确定、变更监护权，撤诉 4 件，通过检察建议方式确定、变更监护权 30 件，对 44 件开展综合救助，变更、指定监护权率为 95.7%；为强化家庭教育，对受理的 537 件

① 参见朱广新：《论监护人的确定机制》，载《中国应用法学》2022 年第 3 期。

涉及家庭教育缺失案件，共发出督促监护令 532 份，发出率为 99.1%（见表 1）。

表 1　C 直辖市未成年人监护权检察监督总体情况（2018—2022 年）

办案类别	案件数	办案方式	案件数	比率
监护侵害案件	85	支持起诉撤销监护权	62	72.9%
监护缺失案件	94	确定、变更监护权	90	95.7%
家庭教育缺失案件	537	发出督促监护令	532	99.1%

1. 监护侵害类案件检察监督情况具体考察。其一，从涉及罪名来看，主要是猥亵、强奸等性侵犯罪，占比 65.3%，是撤销监护权的主要原因，其他暴力犯罪较少。其二，从加害人身份来看，以父母为主，共计 67 件，占比 78.8%，有 39.2% 系重组家庭后的继父母，继父母家庭中的未成年人身心健康问题需要检察机关等重点关注。其他近亲属为 18 件，占比 21.2%。其三，从被害人情况来看，主要为 14 周岁以下的儿童，14 周岁以上的少年仅为 11 人，占比为 12.1%。14 周岁以下的儿童占比最高的原因，在于其防侵害的能力、意识远弱于 14 周岁以上的少年。此项数据表明，需要加强对儿童的防侵害知识培养以及保护监督上的重点关注，此项工作需要学校、社区、司法机关通力协作方可有最大成效。其四，从监护权撤销情况来看，支持起诉撤销监护权案件为 67 件，占比为 78.8%。有的被害人死亡，有的被害人其他近亲属不愿意申请，或是案件发生后父母已离婚，没有撤销的必要，已起诉的则以撤诉处理，故比例不是 100%。为了防止该类情况，检察机关共计向乡镇、街道、民政、学校等单位发出涉未成年人监护权类案社会治理检察建议 29 件，回复率为 100%。经过支持起诉和制发检察建议等工作督促，监护侵害类案件总体呈现逐年降低趋势（见表 2）。

表 2　C 直辖市监护侵害类案件检察监督情况（2018—2022 年）

涉及罪名	加害人身份	被害人身份	监护权撤销情况
性侵犯（65.3%）	父母（39.6%）	14 周岁以上的少年（12.1%）	支持起诉撤销（78.8%）
暴力犯（12.6%）	继父母（39.2%）	14 周岁以下的儿童（87.9%）	不愿意申请（17.1%）
其他犯（22.1%）	近亲属（21.2%）		其他情况（4.1%）

2. 监护缺失类案件检察监督情况具体考察。其一，从缺失缘由来看，主要有三类：唯一监护人因犯罪而服刑；监护人下落不明；监护人死亡。这几种情况都会导致未成年人因缺乏监护而陷入生活困境。其二，从办案方式来看，主要采取先发出检察建议督促乡镇、街道等单位启动诉讼程序变更、制定监护权，后由检察机关在诉讼环节开展支持起诉为主，该种方式总计 30 件，占比 31.9%，其余为通过不同渠道了解情况后，在诉讼阶段支持未成年人其他近亲属确定或变更监护权，共计 64 件，占比 68.1%。发出检察建议不仅可以督促相关单位依法切实履职，还可以针对相关未成年人的其他监护问题督促落实，缺点是检察建议属于司法程序，耗费时间相对较长；而直接支持其他近亲属提起诉讼，能够快速解决未成年人的监护权缺失问题，具体监护问题还需要检察机关和相关行政单位后续跟进。两种方式各有利弊，检察机关可根据案件具体情况择优选择。

3. 制发“督促监护令”案件检察监督情况具体考察。2021 年 6 月 1 日，最高人民检察院决定在涉未成年人案件办理中全面推行“督促监护令”。此项工作开展一年多以来，取得了明显成效。其一，从发出“督促监护令”的缘由来看，在 532 件案件中，有 81% 来自检察机关在办案中发现未成年人权益受到侵害，或因监护缺位导致存在未成年人违法犯罪风险的，有 19% 来自检察机关与妇联、乡镇街道等单位的协作工作中发现或是移送的线索。其二，从发出“督促监护令”的监督情况看，监护干预对未成年人的保护效果明显。

在发出“督促监护令”后，办案检察机关基本都开展家庭回访2次以上，并定期通过电话回访、联系社区村委开展监督等方式关注未成年人的身心健康状况。对于其中需要开展心理疏导、帮教观护、司法救助的，都采取了综合救助的方式强化监督效果。

（二）未成年人监护权检察监督规范化与实质化的实践运用

2018年以来，C直辖市三级检察机关将未成年人监护权检察监督工作摆到重要位置，采取多项举措，持续精准发力，未成年人监护权检察监督工作得以稳步开展，具有较大的研讨价值和推广价值。

1. 加强督促监护，强化机制协作。其一，强化对监护不力问题的督促监督。据统计，C直辖市38个基层检察机关基本都针对强化家庭教育指导与辖区内行政机关会签了工作机制或意见，有11个基层检察机关与邻省检察机关签订了督促监督、跨省帮教的工作机制，推进该项工作进一步强化。如A区检察机关出台《“督促监护令”实施办法》，由检察机关牵头组织监护人住所地派出所、居委会或村委会、所在学校，吸收心理咨询师、志愿者、社工等共同组成监护考察组，通过不定期家访、回访学校、走访社区等方式，动态跟进监护情况，及时调整考察措施和教育方式。其二，强化监护权检察监督配套机制的构建。C直辖市检察机关注重面向社会招募家庭教育指导志愿者，志愿者团队及干警均须通过培训考取家庭教育指导师资格。如B区检察机关梳理未成年人罪错行为原因，定期开展家庭教育指导，以“督促监护令”等手段，与邻省B县检察机关会签了一系列工作意见。

2. 稳步开展监护干预和保护救济工作。其一，对于因客观原因无法履行监护职责的监护人，妥善进行监护干预和保护救助措施。例如，某县检察机关在办案时发现犯罪嫌疑人的未成年子女处于无人监管状态，遂及时帮助其委托亲属监护，避免出现监护缺失，并在委托监护中积极提供指导、帮助和支持。其二，切实开展监护权民事监督工作。针对较为严重的亟待救济的未成年人监护缺失、监护不当甚至监护侵害等问题，检察机关通过及时发出督促监护、发出相关建议书等方式，更有力地保障监护人正确履行监护权，或撤销监护人的监护权后指定其他监护人。如某区检察机关发现未成年人抚养费已划扣却未发放或未将不支付未成年人抚养费的被执行人纳入失信被执行人名单等问题后，依法向法院发出相关检察建议书，督促其做好未成年人权益保护工作。

3. 细化监护权检察监督长效运行机制。其一，做好未成年人监护权状况的调查与评估。在办理涉及未成年人案件中，认为需要督促其监护人依法履行监管职责的，C 直辖市检察机关注重事先做好涉案未成年人基本信息、父母婚姻、家庭教育及亲子关系以及犯罪或受侵害的具体情况等工作的调查核实。在调查核实未成年人相关信息的同时，坚持未成年人利益最大化原则，注重未成年人的个人信息和隐私保护。再客观评估和分析未成年人的家庭环境、亲子关系以及未成年人实施违法犯罪行为或遭受侵害与父母监护不当的关联程度，以此作为开展后续监护权监督工作的基础。其二，坚持对监护行为分级监督。注重根据前期的调查和评估工作，针对不同家庭的监护问题，开展分级监督，即检察机关在对监护侵害、监护不当、监护不力等情况监督时，根据前置的调查和评估结论，做出不同程度、不同等级的处理。

四、未成年人监护权检察监督规范化与实质化的现实困境

得益于前期的探索和积累，C 直辖市检察机关未成年人监护权检察监督工作虽然取得了一些成绩，但立法规制的缺失导致规范化运转还存在缺漏，检察机关实质化履行未成年人监护权监督职能还存在诸多阻碍。规范化运转的缺漏主要在于监督法律体系尚不完善、监督衔接机制存在缺失；实质化运行的不足主要存在于监督实施方式不够健全、检察履职能力有待加强、监护权监督未形成全面的社

会支持体系。

（一）监督法律体系尚不完善

1. 检察机关在未成年人监护权监督工作中的法律定位不明确。一种观点认为，检察机关应作为共同诉讼人参与到支持起诉的监护权监督案件中，应当享有原告的法定权利与义务；另一种观点认为，检察机关支持原告起诉，属于诉讼参加人，仅具有从属地位。这两种观点目前仍然存在争议，也是检察机关角色定位仍然不明确所表现出的主要问题。根据现行法律规范，未成年人居住地的村居两委、公检法司等机构均在自己的职权范围内履行一定的监护权监督职能。但关于监护权的监督规范存在分布较为分散、相关机构分工不明确、职责不清晰等问题，这容易导致在现实中一旦发生监护侵害、监护缺失、监护不当等事件时，由于没有落实直接监护权监督职能部门，出现各部门相互推诿或者信息延误的情形，无法及时采取措施保障未成年人的合法权益。[①]

2. 现行法律构成的监护权监督规范体系尚不完善。我国监护权监督考察制度还没有单一的法律条文规定，主要分布在未成年人保护相关的法律规范中，尚不能形成完备的规范化的法律监督体系。检察机关在开展监护权监督工作中，常常受困于具体实施细则不明确、特别程序烦琐、启动条件不明确、强制性欠缺等问题。由此可见，未成年人监护权监督法律体系亟待进一步完善。

（二）监督衔接机制存在缺失

1. 监督线索单一。发现相关监护侵害、监护缺失、监护不当线索，是检察机关履行未成年人监护权监督职能的前提和基础。检察机关在开展未成年人监护权监督工作中，主要依赖于办案中发现线

① 参见朱广新：《论监护人的确定机制》，载《中国应用法学》2022年第3期。

索、当事人举报控告以及其他行政机关移送。实践中，许多监护侵害、监护缺失案件往往是被动发现的，存在相关信息的滞后性，导致对受侵害的未成年人的保护和救济工作不到位。监督线索来源受限必然导致工作受阻，也使得相当一部分需要保护和救济的未成年人权益无法得到及时保障。

2. 跨部门衔接机制有待健全。未成年人监护权监督考察制度确立已久，但是各地对该项制度的重视程度不够，各个负有未成年人监护权监督职责的机构之间缺乏衔接配合。如何实现监护侵害、监护缺失等信息的共享，如何让各个负有监护权监督职责的机构在采取措施的各个环节做好衔接，如何对接好跨区域监护权监督考察工作，检察机关如何加强与民政部门、公安机关、社工组织的协作配合等问题，还需要进一步的探索与实践。

（三）监督实施方式不健全

1. 事前预防监督措施不健全。预防性监护措施通过对监护人不当监护行为及时预警，可以防止监护人滥用监护权，避免监护不当进一步发展为更严重的监护侵害事件。司法实践中不难发现，事前预防性监护权监督措施比事后救济性监护权监督措施更具科学性。然而，大量监护侵害事件往往发生于家庭内部，监护权监督主体很难打破家庭壁垒，及时掌握相关未成年人受侵害的线索；现行法律规范虽然规定相关机构在自己的职权范围能履行一定的监护权监督职能，但没有细化职责、明确分工，往往导致现实中的监护侵害线索不能及时被发现，无法有效预防相关监护问题产生。①

2. 事中监督措施不健全。目前，检察机关在未成年人监护权监督考察制度中的角色定位仍然不清晰明确，相关工作内容、具体措施也还处于探索阶段。如对监护人的监护行为的评估，依赖于单一

---

① 参见张丽君、吴虹：《涉未成年人监护权侵害检察监督的反思与重塑》，载《中国青年社会科学》2022 年第 3 期。

的调查走访和社会调查报告；检察机关支持起诉剥夺监护人监护资格时，如何避免对未成年人造成二次伤害等问题，要么措施手段单一，要么规范空白，这也容易造成工作中出现疏漏，难以达到最佳的保护和救济未成年人的工作效果。

3. 事后监督措施不健全。撤销监护人的监护资格后，如何保障未成年人的后续发展，是事后监督的重点。然而，检察机关在实施相关监护权监督措施后，是否配置了完备的后续辅助措施，能否做好未成年人与新的适格监护人之间的衔接工作，确保未成年人的基本生活、学业完成以及情感需求和心理安抚等健康成长条件，缺乏统一、明确的制度规范。

（四）检察履职能力有待加强

部分检察机关已经成立专门的未成年人检察部门或者专门的检察官办案组，但是在开展监护权监督工作方面还需要进一步加强监督意识和能力。其一，专业知识储备不够。目前负责未成年人检察工作的检察人员的知识储备大多以刑事方面的为主，在民事、行政、公益诉讼监督方面的钻研不够，导致在办理涉民事家事案件时能力有限。其二，人员力量有限。未成年人检察工作涉及面广，除了开展涉未刑事诉讼、民事监督、公益诉讼等办案工作，还要承担法治宣传、调查帮教等工作，这往往导致检察人员工作重心出现偏差，而忽略了类案的法律监督，可能无法及时发现案件中存在的问题。因此，检察人员需要加强监护权监督的专业知识储备，增强法律监督意识并贯穿于整个未成年人检察工作中。①

（五）监护权监督未形成全面的社会支持体系

未成年人监护权监督工作涉及职能部门多、覆盖面广，必须辅以

① 参见赵若辉、姚学宁：《完善我国内地非亲权未成年人监护权监督制度之探究——以澳门未成年人监护权监督制度为镜鉴》，载《中国青年社会科学》2022 年第 3 期。

完善的配套机制才能保障其顺畅运行。实践中，存在线索发现渠道不畅通、部门配合协作不充分等问题，影响了监护权监督落实的实际效果。近年来，虽然检察机关对于未成年人监护权监督工作机制的探索深入发展并形成一定规模，但以支撑检察机关开展未成年人监护权监督工作机制的全面社会支持体系仍未建立。总体而言，社会机构参与未成年人监护权监督的跨机构协作社会化体系工作的形式和次数都十分有限。因此，在协作度有限的现状下，亟待创新跨机构合作的形式，提高跨机构协作的参与度，更充分地动员社会力量参与，形成社会力量共同参与的社会化支持体系。

五、域外未成年人国家监护的制度和启示

2013 年，联合国儿童权利委员会第 14 号一般性意见提出，作为一项行事规则的儿童最大利益，对儿童最大利益的评判和确定必须具备程序性保障。与域外未成年人国家监护制度相比较，可对我国包括未成年人监护权检察监督制度在内的相关制度予以有益启示。

（一）域外未成年人国家监护制度概述

1. 域外未成年人国家监护制度的立法宗旨。在大陆法系和英美法系国家，未成年人的国家监护制度立法宗旨都是未成年人利益最大化。美国最早提出未成年人的最大利益原则，其国家监护制度的立法宗旨是最大限度地保护未成年人的最大利益。《德国民法典》规定了未成年人的利益最大原则，法院处理未成年人监护权纠纷时充分考虑案件各方的合法权益，以未成年人利益最大化为目标作出裁决。

2. 域外未成年人国家监护制度的主体。《德国民法典》第 1784 条规定，公务员和相关神职人员，在获得法院的相关许可之下，也可以成为未成年人的国家监护主体。美国相关法律比较完善，其监护制度包括前期和后期两个部门。联邦和州的相关立法中，也会有

更细致、明确的规定。在英国的未成年人国家监护中，国家监护的主要机构是每个县或市的儿童福利机构，也承担着监护未成年人的职责。

3. 域外国家监护制度的类型。其一，监护撤销程序。2002 年英国《儿童法》扩大了使用者的范围，规定 21 周岁的人也可以收养未成年人。美国的未成年人国家监护实施程序主要有两种形式，即 TRP（终止父母权利）程序和强制性报告程序。在监护撤销程序中，对终止父母权利有着非常严格的规定，也被称为对未成年人权利的最后一个障碍。其二，强制性报告程序。为促使监视监护人积极保护未成年人的权利，美国政府制定了强制性举报程序。其规定要求：任何公民或机构都有义务在监护人侵犯未成年人的情况下及时向有关当局报告；一旦被发现举报义务人知道未成年人受到侵害，而不向有关部门举报的，法院应当追究其法律责任。此报告对教师和医生等特殊群体是强制性的，没有及时报告的人将被依法追究责任。

4. 域外未成年人国家监护制度的保障。其一，资金保障。美国联邦政府在《儿童虐待预防与治疗法》中详细规定了儿童福利组织所需资金的数额和分配。美国儿童福利局通过多种渠道获得资金。澳大利亚政府认识到儿童对该国未来生产力发展的重要性，在过去二十年中，对儿童的公共财政投资增加了近四倍。仅在 2017 年，公共财政对儿童的投资几乎是 2008 年的 5 倍。在过去几十年里，德国在儿童和青少年福利方面的支出的增长速度与国家儿童福利服务扩大一致，儿童和青少年福利预算的大部分用于儿童日托服务，仅 2016 年就达到约 316 亿欧元；其教育服务包括家庭和儿童福利教育服务以及家庭护理服务，以 156 亿欧元的支出位居欧洲第二。其二，司法救济保障制度。德国设立了家庭法院，对于可知的相关监护行为进行监督与管理，最终目标是确保未成年人的监护人的稳定，并对未成年人进行全方位、最大化的保护。英国未成年人国家监护制度的适用条件是，父母或其他监护人对未成年人施以暴力，并侵犯其合法权利。日本未成年人国家监护制度的启动条件是，父母虐待或恶意抛弃未成年人；父母丧失监护能力，并损害未成年人的利益。日本《儿童抚养法》规定，当法院获得监护权时，儿童福利机构管辖范围内的未成年人遭受家庭暴力或受其影响，适用于护理法院或监督法院的规则，以及监护人和儿童福利局指定的未成年人监护人。

（二）域外未成年人国家监护制度给我国的启示

1. 关于监护主体的启示。通过比较研究可知，多国成立了专门部门，对未成年人国家监护展开相关工作，德国、日本、英国的专属行政部门都发挥了重要作用，可以更好更有效地发挥国家监护职责。例如，德国的这一职责主要由青年福利局负责，美国和日本成立了专门行政机关处理相关工作。这些部门有着广泛的职能，如监护与监督、调查和处理监护人的暴力等事实，不仅是在完成国家监护的责任，还在帮助贫困家庭、照顾未成年人的生活等方面发挥了重要作用。

2. 关于国家监护制度的实施。当前，德国、美国、英国、日本等国的国家监护制度都有撤销父母照顾权的内容和程序，各有特点，且都取得了不错的效果。通过比较家庭收养的相关规定，可以发现很多国家对于家庭收养的条件都不高，这有利于未成年人再次回归到家庭生活中。

3. 关于国家监护保障制度的启示。物质保障是根本。只有通过充分的资金支持等物质保障，才能确保国家未成年人监护制度的顺利实施，以达到预期的目的。有必要建立独立的未成年人保护司法机构，专门负责办理未成年人案件。

4. 关于监护监督的启示。有些国家非常重视监护人监督的工作，有专门的监护机构负责国家监护及国家监督的职责与实施工作。一些国家有专门的监护人员监督，协助上述机构的监督工作。相比之下，我国的监护及其监督未规定明确的责任主体，更未规定相关责任内容。未成年人受到监护人殴打、虐待的新闻不时提醒着我们，亟待改善和帮助未成年人，最终让他们拥有一个更加健康和向上的成长环境。

六、未成年人监护权检察监督规范化与实质化的完善路径

探索检察机关参与的未成年人监护权监督制度，应当切实发挥检察机关的监督职能，保障未成年人的人身和财产权益。从规范化运行角度而言，需要从完善立法规定、坚持保护原则、明确考察方式等方面改进，为监督奠定规范指引；从实质化运行角度而言，需要从健全预防机制、细化社会体系、深化融合履职等方面着手，让事前、事中、事后的监督更具实效。

（一）完善立法规定，为监督奠定规范指引

1. 明确检察机关参与未成年人监护权监督的定位。我国现行法律规范只规定了一些具有一定监护权监督职责的未成年人保护和救济机关、团体，并没有确定哪个机构具有未成年人监护权监督主体资格。如果立法明确检察机关在未成年人监护权监督制度中的主体资格，将更有利于保护和救济未成年人合法权益，促进我国监护权监督制度一体化建设。

2. 明确监护权检察监督考察的具体内容。监护权检察监督考察涉及全面调查监护问题、精准评估关联程度和相关侵害程度等方面。检察机关评估考察的重点包括：其一，评估涉案家庭环境是否和谐、家庭系统功能是否健全、教养方式是否恰当、亲子关系是否融洽。[①]其二，分析研判涉案未成年人实施违法犯罪行为或遭受侵害与父母监护不当等家庭因素的关联度，作为启动监护权监督工作的重要

① 参见陈赟、郑向春：《我国未成年人监护权监督制度的完善》，载《山西省政法管理干部学院学报》2022 年第 1 期。

依据。

3. 科学设置监护权检察监督考察的期限。当对未成年人的监护权撤销、转移或是否撤销有待确定等情况发生，就会产生相应的监督考察。检察机关宜设置科学的考察期限，防止监护人实施二次监护侵害等不利行为。参照附条件不起诉制度的规定，一般考察期的设置应不少于六个月、不超过一年。还可规定监护人定期报告机制，如要求监护人每月向考察组报告监护人的基本情况和监护状态，确保监护权监督工作的有效开展。

（二）坚持保护原则，为监督做好理念指导

当前，检察机关主要通过三种途径参与到监护权撤销、变更等案件中。一是以自己的名义请求法院撤销监护资格；二是督促、支持相关组织或个人向法院起诉；三是针对相关组织不依法及时履行监护权监督职责而出具含有“撤销监护资格，指定其他适格监护人”内容的检察建议书。检察机关在介入监护权撤销的工作中，在证据调查评估、合法程序把控、国家强制力保障方面都具有优势，但并非所有的监护问题都需要以撤销、变更监护的方式来监督。因此检察机关介入监护权的撤销、变更需要遵守相关要求。

其一，坚持未成年人利益最大化原则。例如，检察机关在刑事案件中发现因案件陷入监护缺失的未成年人时，应当注意维护未成年人利益，确定临时监护人，确保未成年人生活、学习不受影响，再进一步开展监护权转移的工作。其二，坚持尊重未成年人的意见。《儿童权利公约》第 12 条规定了尊重儿童意见原则，只要与未成年人权益相关，就应该尊重未成年人的意见。其三，贯彻隐私保护、避免二次伤害、全程性参与原则。检察机关开展监护权监督应重视保护隐私，并全程参与监护权诉讼的各个环节，全程介入、同步监督、跟踪监督。在监护权完成转移后，后续的监护考察和保护救济

措施也应跟上，避免对未成年人造成二次伤害。①

（三）明确考察方式，为监督做好实质效规范

1. 做好调查评估工作。检察机关通过支持起诉、检察建议等方式撤销监护人的监护资格，是为了更好地保护未成年人利益，而非仅为了追求监护权撤销的后果。如果监护人监护资格的撤销无法保障未成年人的合法权益，那么撤销监护权就没有意义。检察机关履行未成年人监护权监督职能时，应当坚持谦抑性原则，在采取具体监护权监督措施之前做好调查核实和结果评估工作。

2. 做实逐案跟踪回访。在监护监督考察期间，可以由检察机关牵头监护人住所地派出所、基层组织、涉案未成年人所在学校等单位人员成立监护考察组，采用现场实地走访、电话视频回访等形式，开展回访调查工作，并将每次考察情况记录在册。

3. 做细分级考察评估。其一，在监护考察期内，由监护考察组对监护人的监护能力、监护行为进行调查、测评，综合评判其履行监护能力与监护效果。在考察的初、中、末期进行分级评析，根据实际情况动态调整。其二，根据考察结果，对怠于履行或不履行监护职责的监护人，可适用定期培训、通报并训诫等惩戒措施。其三，对于监护人严重侵害未成年人行为达到法律规定情形的，及时发出检察建议或支持起诉撤销监护人监护资格，确保监护权检察监督有效落实。

4. 做强异地协作监督。其一，检察机关在开展监护权监督工作时，要加强与相关部门协作配合，细化各自的职能与责任。其二，针对涉案留守未成年人与监护人分居两地等现实情况，联合异地检察机关开展监护权监督，采用考察与委托相结合的方式，共同推动未成年人监护权监督工作落到实处。

---

① 参见那艳芳：《与办案业务相映照理论研究走向实质化——2021 年未成年人检察研究综述》，载《人民检察》2022 年第 4 期。

（四）健全预防机制，为事前监督打好基础

1. 建立信息共享、联席会议机制。可由检察机关牵头民政、妇联等监护权监督辅助机构对未成年人的家庭情况、就学情况、身体健康等基本信息备案，特别是实际无人抚养孤儿、残疾、留守、辍学未成年人等情况，在严格保护未成年人个人信息和隐私权利的基础上，做好相关信息平台的共建共享。由检察机关牵头会同相关监护权监督辅助机构召开联席会议，针对具体监护侵害案件，发挥各个监督辅助机构的职责优势，细化各机构职责。

2. 完善跟踪回访、考察评价机制。由检察机关牵头各监护监督辅助机构，组建由检察官、民政工作人员、学校教师、居委或村委代表、司法社工等组成的考察组，实时跟进涉案未成年人家庭帮教，定期回访调查，根据实际监护情况，优化监护权监督方式，帮助解决涉案家庭实际问题。

（五）细化社会体系，为事中监督提升效能

1. 完善监护权监督制度的社会支持体系。没有社会支持体系，就没有真正的未成年人司法保护。未成年人的监护监督考察制度，本身就具有较强的社会化属性，仅由检察机关承担全部工作，无法达到最佳效果。检察机关在履行未成年人监护权监督职能时，宜充分发挥检察机关“发起者、协调者、督促者”的角色，广泛引导发动社会力量、资源参与到监护权监督工作中。

其一，拓宽社会参与覆盖面，加大社会支持力度。进一步完善未成年人保护社会支持体系，拓展社会支持外延，以区县级社会矛盾纠纷联合调处中心建设为契机，加快成立青少年司法社会服务站，统筹公安、法院、司法、教委、卫健委、民政、信访等职能部门和妇联、团委、公益组织、慈善机构、爱心企业、特殊教育机构、技能培训机构、心理干预机构等社会力量，多主体同心同向开展犯罪

预防、综合救助。如通过司法调查与第三方社会调查相结合的方式，更全面、客观、准确地反映涉罪未成年人犯罪背景；有针对性地开展劳动技能、职业技能培训，增加监护人“家门口”就业机会，解决留守儿童家庭监护现实困难；开展心理辅导、家庭教育指导，修复涉案未成年人与家庭、学校、邻里、社区、单位之间的依恋关系、奉献关系以及信念关系，帮助涉案未成年人顺利回归社会；为身体残缺、智力残疾的未成年人提供特殊教育资源，增强自我保护意识，提高自我保护能力。

其二，提升社会化支持专业水平，保障社会支持质效。较东部沿海发达地区而言，中西部地区社会组织发展较缓慢，专业司法社工较少，可以建立市场化、契约化服务体系，通过政府购买社会服务方式，保障专业资质人员长期稳定开展相关工作，并给予适当政策倾斜、足够资金保障、拓宽人才输入，为社会支持体系建设长久发展提供有力保障。

2. 落细落实强制报告制度。检察机关只有督促和保障强制报告制度[①]落实到位，才能更高效地掌握监护侵害案件的线索。具体来说，一方面，由检察机关牵头公安、妇联、教委等责任部门，通过开展联席会议、会签承诺书、制定实施细则等方式，夯实责任；另一方面，由检察机关牵头各责任部门定期会商，督导推动，重点督促学校、医院、宾馆等义务报告主体落实强制报告职责，有效压实强制报告的主体责任，让对未成年人负有特殊职责的工作人员树立报告意识，增强其履行强制报告义务的自觉性。[②]

① 2020年5月，最高人民检察院等九部委联合印发《关于建立侵害未成年人案件强制报告制度的意见（试行）》，强制报告制度也明确写入了新修订的《未成年人保护法》。同时，对未履行强制报告义务的，视情予以追责。

② 参见杨惠嘉：《我国民法典中的未成年人监护权制度及其完善》，载《人民论坛·学术前沿》2022年第3期。

（六）深化融合履职，为事后监督拓展空间

1. 深化家庭教育指导工作。其一，建立家庭监护状况评估机制。检察机关在办理涉未成年人案件过程中，应主动开展未成年人监护权状况的评估与调查工作，将评估结果作为后续监护权监督的前置工作。其二，建立个性化家庭教育指导工作机制。检察机关可根据发现未成年人受到监护侵害的程度，开展个性化的家庭教育指导工作。其三，完善家庭教育指导的配套措施。检察机关可以通过牵头联合其他机构、团体开展完善涉案未成年人家庭教育指导专家库，建立专门的家庭教育指导场所，设计一系列家庭教育的课程或相关教具等措施，以家庭教育指导为依托，有效推进事后救济保护等工作。

2. 通过公益诉讼强化事后监督。其一，明确检察机关提起未成年人监护权民事公益诉讼的诉权。通过“两高”相关意见或司法解释的方式明确检察机关提起涉监护类民事公益诉讼的诉权，便于司法实践适用。其二，将未成年人监护权监督失职纳入行政公益诉讼范畴。在现行制度下，将未成年人监护权监督失职纳入行政公益诉讼范畴，便于检察机关在履职过程中发现监护侵害等案件中存在行政机关怠于履行监护权监督职责时，以诉前检察建议等方式更好地保障未成年人的合法权益。

未成年人涉帮信犯罪调研报告

——以T市为研究样本

赵文静　陆　旭　林晓萌　张海亮*

近年来，随着电信网络诈骗案件增多，帮助信息网络犯罪活动罪等下游犯罪也随之大量案发，严重扰乱社会秩序、破坏经济金融安全。在帮信犯罪的人群中，未成年人占据相当比例，对这类犯罪主体，刑事司法应给予特殊关注，不应简单粗暴“一打了之”。未成年人心智尚不成熟，正处于人生起步阶段，深入探究未成年人实施帮信犯罪的原因，追溯产生问题的根源，总结司法实践中存在的不足，进而采取行之有效的合理举措，是应对未成年人涉帮信犯罪的理性进路和应然之举。在未成年人成长发展的道路上，应当进一步发挥家庭、学校、社会的作用，理性选择适用刑事处罚措施，使犯罪治理效果科学化、合理化，本着最有利于未成年人的原则，构建完善一套科学的犯罪矫治体系，为未成年人健康成长保驾护航。

---

* 赵文静，天津市和平区人民检察院党组副书记、副检察长、三级高级检察官；陆旭，天津市人民检察院第一检察部副主任、四级高级检察官；林晓萌，天津市河北区人民检察院党组成员、副检察长、四级高级检察官；张海亮，天津市津南区人民检察院第二检察部副主任、一级检察官。

一、T市检察机关办理未成年人涉帮信罪基本情况

（一）整体情况

T市系直辖市，2015年至2019年，该市检察机关未受理未成年人涉嫌帮信犯罪案件。2020年，全市检察机关受理审查起诉未成年人帮信犯罪案件6件7人。2021年，全市检察机关受理未成年人帮信犯罪案件31件35人。2022年，全市检察机关受理审查起诉未成年人帮信犯罪案件39件46人。截至2023年8月，全市检察机关受理审查起诉未成年人帮信犯罪案件15件20人。虽然T市检察机关受理的未成年人涉帮信犯罪案件量整体不大，但从案件数量上看呈上升态势，这与全国检察机关办理该类案件的趋势相吻合。

（二）突出特点

1. 涉案未成年犯罪嫌疑人大多文化水平较低，以外地户籍人员为主

涉案未成年犯罪嫌疑人文化程度普遍较低，且初中辍学、肄业情形明显。在108名未成年犯罪嫌疑人中，最高学历为初中（包括肄业）的有54人，占比50%；最高学历为高中（包括肄业）的有11人，占比10.19%；具备中专或者高职文化程度（包括肄业）的有43人，占比39.81%；案发时仍在学的未成年学生有30人，占比27.78%，其余未成年犯罪嫌疑人均处于无业或者待业状态，其中具备初中文化的未成年犯罪嫌疑人绝大多数属于未完成九年义务教育的辍学人员。

与此同时，外地户籍未成年犯罪嫌疑人占绝大多数。在108名未成年犯罪嫌疑人中，具有T市以外户籍的有90人，占比高达83.33%，且户籍分布区域分散，共涉及其他25个省份，该情况符合电信网络诈骗犯罪案发特征和公安机关对电信诈骗犯罪的管辖

规律。

2. 案件类型以“两卡”为主，行为模式主要是提供支付结算帮助

在犯罪类型上，主要类型为“两卡”犯罪。“两卡”的犯罪形式在未成年人涉帮信罪中占绝对比重，在T市检察机关受理的案件中可达90%以上。可以说，“两卡”非法交易泛滥是电信网络诈骗犯罪赖以存在的“土壤”和“水源”，是导致无法根治电信网络诈骗犯罪最主要的原因之一。在涉“两卡”的犯罪人员中，未成年人往往处于“卡农”这个层级，相对而言，犯罪情节较轻，总体来看，帮助方式较为单一，处于犯罪链条、层级底端。这与当前成年人成立“水房”“技术助攻”“营销集客”等花样繁多的帮助犯罪手段上存在显著差异。

在行为手段上，主要是提供支付结算帮助。由于未成年人往往年龄小、学历低、没有专门技术，所以很难实施技术支持和广告推广两类帮信行为，但提供支付结算帮助行为因金融机构监管不到位而更容易实施。因此，在司法实践中未成年人往往通过将本人及其亲友名下的银行卡或者收款码等对外租售，将银行卡“四件套”对外销售，利用自己的收付款码替代他人收款等行为参与电信网络诈骗犯罪之中，偶尔也可见提供非银行支付账户、互联网金融账户等方式。需要关注的是，未成年犯罪嫌疑人在这类帮信犯罪中，通过其银行卡的支付结算金额往往在几十万元以上，但其个人违法所得少有超过一万元的，其实际获利较少。可见，未成年人为蝇头小利、抵制不住诱惑、受人蛊惑的情况较为普遍。

3. 犯罪动机以快速谋利为主，通过熟人介绍、互联网渠道知悉，犯罪特征明显

一方面，涉案未成年人低收入特征明显，受上游电信网络诈骗组织利诱情形突出。在108名未成年犯罪嫌疑人中，除30名为在读学生外，其他人员基本属于无业或者待业情形，没有经济收入，家庭

经济条件一般，父母监护存在一定缺失。基本上均属于初犯，没有其他违法犯罪前科记录。而涉案未成年人参与犯罪动机大多也是因为缺少经济收入，以赚取快钱谋利为主。部分未成年犯罪嫌疑人将提供“两卡”帮助行为当作校园兼职看待，当作一种快速赚钱的牟利手段，侥幸和“无所谓”心理严重。

另一方面，经过调研发现，涉帮信犯罪的未成年犯罪嫌疑人了解帮信犯罪的途径主要为经熟人、朋友介绍，通过该途径了解犯罪方法并实施帮信犯罪行为的占比为65.74%。另外，有17.59%的未成年犯罪嫌疑人系通过互联网、兼职网站线上线下了解到帮信犯罪方法。

4. 办卡存在盲目性，涉案金额相对较小，微利较为普遍

未成年犯罪嫌疑人为实施帮信行为盲目使用自己身份信息办理银行卡、电话卡等，其中仅办1张卡的有44人，占比40.74%；办理3张卡以上的有36人，占比33.33%；办理5张卡以上的有17人，占比15.74%；办理10张卡以上的有7人，占比6.48%。未成年犯罪嫌疑人均是为实施犯罪活动而办理上述银行卡、电话卡，盲目办卡的背后反映出利诱性和相关行业的混乱性。

从资金流水金额来看，为上游犯罪转账金额最高达330万元，其他案件中绝大多数转账金额在20万元到100万元，涉案金额相比成年犯罪嫌疑人偏低。而从获利角度来看，未成年犯罪嫌疑人绝大多数获利甚微，通过实施帮信犯罪获利最高的为5万余元。获利1000元以下的有57人，占比达到52.78%；获利超过5000元的有14人，占比为12.96%；未实际获利人员24人，占比为22.22%。上述案件中，未成年犯罪嫌疑人的非法获利多数用于个人日常消费。

5. 刑罚较为轻缓，以作相对（附条件）不起诉为主

在上述案件中，涉案未成年人为初犯、偶犯占比较高，认罪悔罪态度较好，认罪认罚比例较高。未成年犯罪嫌疑人由于主观恶性小，到案后绝大多数犯罪嫌疑人会积极配合司法机关办案，并在律师见

证下适用认罪认罚从宽制度等。而检察机关也会认真贯彻对未成年人的教育挽救方针，积极适用不起诉等相对从宽处罚措施。根据最高司法机关的意见，对未成年人、在校学生依法从宽，综合其在共同犯罪中地位作用、主观恶性、人身危险性、认罪悔罪态度表现等情节，可依法从轻、减轻处罚，不起诉、免予刑事处罚或者不作为犯罪处理。[①] 从T市司法实践看，被检察机关起诉并最终被判处刑罚的犯罪嫌疑人占总人数的12.96%，所判处刑罚轻刑化较为突出，且缓刑比例较高。T市检察机关对涉嫌帮信罪的81名未成年犯罪嫌疑人作出相对不起诉或者附条件不起诉处理。另外，公安机关撤回起诉与检察机关作出存疑不起诉占比分别为10.19%和1.85%。

二、未成年人涉帮信罪高发原因分析

未成年人涉帮信犯罪高发的原因是多方面的，既有未成年人自身法律意识淡薄、抵挡不良诱惑能力差的因素，又有家庭、学校、社会监管缺位的原因，还有被电信网络诈骗犯罪分子利诱、蓄意利用的原因，也有网络平台、金融机构机制不健全、尽责不到位等各方面原因。因此，应全面综合分析各方面成因，以期对未成年人帮信犯罪高发制定合理有效的对策。

（一）未成年人法律意识淡薄，极易受到犯罪分子诱导

随着手机、电脑等电子产品终端使用的低龄化，未成年人接触互联网的时间更长、范围更广。未成年人辨别能力不足、法治意识较为淡薄，极容易被不法分子欺骗和利用。当前电信网络诈骗犯罪猖獗，手段繁多且隐蔽，实施电信网络诈骗的犯罪分子往往利用刑法对未成年人从轻、减轻处罚的特殊规定，胁迫、教唆、利诱未成年

① 参见最高人民法院刑事审判第三庭：《关于帮信罪司法治理的调研报告》，载《人民法院报》2023年8月25日，第4版。

人参与、实施电信网络诈骗犯罪。司法实践中主要有以下几种情形：一是发展未成年人成为诈骗集团业务员；二是发布租借网络账号、银行卡、电话卡、收款二维码信息，让未成年人在获取高薪兼职中逐步为上游网络诈骗犯罪提供便利；三是发布支付转租中介酬劳等广告信息，使部分未成年人成为收售“两卡”的职业卡商等。

（二）未成年人经济收入低，快速获利享乐侥幸心理作祟

根据加里·贝克尔的“犯罪是理性行为”理论，犯罪动机取决于从事犯罪活动的预期收益是否大于从事合法活动所带来的预期收益，犯罪人的犯罪动机总是与其本人对犯法成本、案件被查获概率、惩罚严厉性等因素的认识密切相关。涉嫌帮信罪的未成年犯罪嫌疑人绝大部分为辍学待业人员，本身学历偏低又不具备专业技能，无法从事高薪职业，经济收入偏低，只能依附于父母。但他们在物质生活上又存在极强的攀比、享乐心理，为弥补自身经济能力不足，不惜铤而走险，选择帮信犯罪行为这种他们自认为比较快捷的生财之道，甘愿落入“跑分”陷阱，沦为他人实施违法犯罪的工具。部分未成年犯罪嫌疑人在成功完成一次帮信行为后，因没有被及时发现或者周边环境中有大量人员从事帮信行为屡屡得手，一定程度上助长了其侥幸心理，激发了其更大的贪欲和以身试法的胆量。

（三）家庭疏于对未成年人的监护与管理

涉嫌帮信罪的未成年人均为 16 周岁至 18 周岁之间，该年龄段的未成年人属于较为特殊的群体，一部分为完成义务教育或者辍学待业群体，已经进入社会，属于社会人员；一部分为中考之后进入中专、职高，部分学生寄宿在校，有的已经在实习，处于半工半读状态，属于半社会人员。上述未成年犯罪嫌疑人的父母认为孩子已经辍学待业或者在学校读书应当有老师负责管教，自己可以不用再对未成年人进行教育与管理，较少过问未成年人的学习生活，甚至存

在严重监护缺失，不能提供维持其日常生活的经济支持，也没能及时发现和制止未成年人的违法犯罪行为。因此，家庭教育的疏忽和监护不当、监护缺失也是未成年人涉嫌帮信罪的一个重要原因。

（四）网络平台、金融机构等外部监管防控风险能力不足

随着互联网的普及，通过网络招聘平台发布招聘、实习、兼职信息已经相当普遍，很多未成年犯罪嫌疑人通过应聘、实习、兼职涉案的问题较为突出。招聘市场特别是网络招聘平台对招聘企业资质、发布招工信息等缺乏严格审查和管理，导致不少人员因为虚假、违法招聘广告而陷入犯罪分子设计的陷阱，最终触犯帮信罪。有的学校对学生就业指导、教育管理不到位，实习管理过于宽松，对实习单位审核不严，导致部分在校学生在实习兼职过程中受骗参与电信网络违法犯罪活动。此外，银行对未成年人群账户监管风险重视不够。一是从未成年人账户的功能和交易限额来看，银行机构并未将其与其他客户区别对待，全部开通了非柜面业务，办理了系统默认的交易限额。二是对未成年人账户开立环节把关不严，普遍在开户环节没有深层次了解未成年人开户的真实用途，也未将出租、出借、出售银行卡的法律风险和惩戒措施详细告知。三是尚未针对未成年人账户风险特点建立有效的监测和处置机制，尤其在账户使用环节未充分运用生物特征识别技术等持续核实客户身份。因此，对未成年人账户风险防控有效性不足，不能从实质上防控风险。

（五）对未成年人防范帮信犯罪的法治宣传不够

当前，司法机关严厉打击各类电信网络诈骗犯罪，已形成了线上、线下反电信诈骗宣传预防攻势，但专门针对未成年人涉嫌帮信罪的法治宣传仍显滞后。尤其近年来由于疫情等因素，专门走进校园、社区、企业对未成年人宣传反电信诈骗知识次数较少，未成年人对出租、出借、出售银行卡的法律风险和惩戒措施等的知晓度普

遍较低，对自身银行账户风险管理认识不到位，容易被犯罪分子利用。学校针对帮信罪对中专、高职学生开设的法治课也较少，在校学生普遍不了解帮信罪的犯罪要件和法律后果，在应聘、实习、兼职时防控风险意识不足。家长、学校对未成年人日常行为的关注不够，没有及时发现未成年人“借卡”“卖卡”等不良行为或倾向，导致未成年人普遍法治思维不足、法律意识淡薄，容易为蝇头小利所诱惑，被犯罪话术所欺骗或误导，被电信网络诈骗犯罪分子所利用。

三、未成年人涉帮信犯罪司法治理存在的问题

未成年人犯罪主体在刑事司法领域具有一定特殊性，加之我国对未成年人规定了专门的刑事处遇政策，使得司法实践中对未成年人帮信犯罪案件不能简单定罪量刑，而是要秉持宽严相济、教育挽救、最有利于未成年人等一系列原则，寻求法律、政策和效果上的最优解。然而，我国司法实践存在案多人少的顽疾，加之未成年人司法处于起步发展阶段，理想的处遇措施与现实的司法办案难免存在一定差距，这将成为进一步完善未成年人犯罪矫治体系的不竭动力。

（一）羁押强制措施适用裁量不尽合理

未成年人涉帮信罪往往是偶犯、从犯，其与电信网络诈骗犯罪分子之间不存在紧密的联系，通常是被老乡或者校园招聘广告欺骗、误入兼职刷单群等才走上犯罪道路，主观恶性较小。但是，在司法办案中，由于部分案件中未成年犯罪嫌疑人流动性较大、缺少法定代理人或监护人看管甚至无法提供保证人或者缴纳保证金，对其适用非羁押强制措施无法保证其及时到案和接受讯问，在这种情况下办案机关往往选择对未成年犯罪嫌疑人批准逮捕，甚至存在“一押到底”的情形。即便在案件后续办理中，未成年犯罪嫌疑人积极退赃退赔，仍有一定比例案件没有及时变更为非羁押强制措施。进一步而言，办案机关在决定适用强制措施时，对未成年犯罪嫌疑人的

社会危险性缺乏科学的评估标准，在具体案件办理中进行调查核实、听取意见的工作还不到位，较少有通过公开听证方式评估未成年犯罪嫌疑人羁押必要性的案件。经调研发现，部分案件事实情节相差不大，但不同办案机关办案人员在适用强制措施上得出的结论不尽相同。从法律文书和审查报告看，承办人往往没有详尽地释法说理，审查裁量的主观判断明显，当然这与缺乏足够客观可量化的“社会危险性”审查标准也有密切关系。

（二）不起诉决定不够严谨

部分案件中，办案人认为对未成年犯罪嫌疑人作出相对不起诉已经充分体现了对未成年人的宽大政策，但个别案件仔细审查发现，需要进一步甄别不同类型的不起诉情形。同时，也存在事实情节大体相同的情况下，个别案件被附条件不起诉，有的案件被相对不起诉的情况，可见在未成年人涉帮信犯罪中，对于起诉的裁量标准还存在不完全一致的情况，从而导致法律处置不均衡的情况。

（三）司法机关存在过度依赖刑罚措施的现象

虽然仅有一小部分涉帮信犯罪的未成年人最终被起诉判刑，但这些案件中多数适用了有期徒刑等监禁刑。实际上，像帮信罪这样社会危害性较轻的犯罪，犯罪嫌疑人的人身危险性一般较小，对其制裁的手段应侧重于矫正的实现，而过度依赖短期监禁刑，特别是有期徒刑，将导致刑罚的报应效果及其附随效果过于强化，淡化了教育矫正对轻罪犯罪人的积极作用，虽然可能会促成短时间内的犯罪控制，却难以实现标本兼治的长期预防目的。[①] 另外，不可忽视的是，对未成年人判处刑罚后的刑罚附随效果将对其产生巨大影响，在参军入伍、就业择业等方面受到严格限制，以及公众对犯罪嫌疑

---

① 牛忠志、于鸿峣：《当代中国轻罪制裁体系的系统反思与优化》，载《河北学刊》2023 年第 3 期。

人的固有偏见等，均可能导致未成年人与社会出现“断层”，这与其犯罪性质、危害后果、主观恶性较小的情况不相匹配。

全国范围内“断卡”行动开展以来，帮信罪案件快速增长，一些未成年在校生成为涉帮信罪重点群体，让人倍感惋惜，留下“案底”和污点，给自己的就业及社会生活埋下障碍。部分涉案学生因刑事诉讼程序被短暂羁押后，学业被迫中断，文凭缺失导致就业竞争乏力；部分被判处实刑的未成年人作为刑满释放人员被禁止从事某些职业；部分被判处缓刑的未成年人因生活原因导致人员流动容易失管；囿于犯罪记录封存但不消灭的制度，犯帮信罪未成年人后续上学、就业将受到诸多限制，同时再犯风险也在加大。

（四）延伸司法职能推进社会治理不充分

未成年人犯罪问题是一个复杂的社会问题。尽管帮信罪犯罪人数众多，但依然有人对帮信罪这一罪名感到陌生。目前针对未成年人涉嫌帮信犯罪司法治理与社会治理还没有形成合力，还存在“重事后处罚、轻事先预防”的错误认识。相关司法建议的针对性、实效性欠缺，存在“一发了之”的情况，宣传教育限于传统形式，未充分发挥禁止令制度对帮信罪社会治理的积极作用。随着帮信罪的犯罪形式越来越科技化、隐蔽化，发挥技术手段建立未成年人帮信罪“防火墙”的防治措施还存在一定滞后性。

四、完善未成年人涉帮信罪预防与惩治的对策建议

（一）从定罪量刑视角精准打击帮信犯罪及其关联犯罪

推进帮信罪司法治理，需要针对实践中存在的问题有的放矢地采取对策。一是依法从严惩处电信网络诈骗及其关联犯罪。立足新型信息网络犯罪案件数量猛增、黑灰产业蔓延的态势，坚持全链条、全方位打击电信网络诈骗等上游犯罪。二是全面、准确阐释定罪标

准，确保做到不枉不纵。注重全链条体系把握、多因素综合考量，避免仅依据涉案“两卡”数量或银行账户、支付账户的流水金额认定构成“情节严重”，细化帮信罪和掩饰、隐瞒犯罪所得、犯罪所得收益罪的区分标准。三是明确、细化宽严相济刑事政策的适用依据，实现“三个效果”相统一。对利用未成年人、在校学生等群体实施犯罪的，依法从严惩处。对未成年人，应综合其在共同犯罪中地位作用、主观恶性、人身危险性、认罪悔罪表现等情节，可依法从轻、减轻处罚、不起诉、免予刑事处罚或者不作为犯罪处理。对于情节较轻的涉“两卡”行为人，自愿认罪认罚，数量较少且违法所得数额较小，积极配合追赃挽损或积极配合追查上游犯罪的，可依法不以犯罪论处。四是细化不捕不诉的司法裁量标准。在当前帮信罪发案量增多、未成年人大量涉案的背景下，要不断细化对未成年人犯帮信罪不捕不诉的司法裁量标准，不断增强科学性和可操作性。要充分利用客观证据证实犯罪嫌疑人的社会危险性，制定全面合理的量化评估标准，充分考虑未成年人身心的特殊性和犯罪的典型性，立足教育挽救的方针和宽严相济刑事政策，根据个案情况依法适用非羁押强制措施。进一步推进羁押措施裁量诉讼化改造，充分保证未成年犯罪嫌疑人的诉讼权利，赋予法定代理人、辩护人提出意见和申请的权利，积极适用附条件不起诉制度，加大对未成年犯罪嫌疑人教育矫治力度，帮助其重新回归社会。准确适用相对不起诉制度，避免因标准不统一而导致司法处断上的实质不公平现象。同时，要延伸不捕不诉的跟踪帮教，将帮教活动贯穿刑事案件办理全过程。

（二）从刑行衔接视角提升帮信犯罪惩治精准度

既有法律规定仅是从刑罚的角度对帮信罪的规制措施进行了明确，尚未有相关法律对帮信罪是否应当适用行政规制措施以及如何适用行政规制措施进行明确。一是应加强与公安、教育等职能部门的配合协作，建立早期干预机制，将帮信犯罪案件非刑处置前移。

公安机关与检察机关进一步建立行刑衔接机制，减少帮信犯罪定罪入刑基数。二是注重诉前分流、分类处理。从严惩治“幕后金主”“卡头卡商”和行业“内鬼”，对未成年人、在校学生涉案的，注重帮教挽救。三是对帮信案件侦诉环节同步构建审查监督机制，行政、刑事案件依法分流，既防止将行政案件升格为刑事案件，又防止以罚代刑、降格处理。检察机关作出不起诉的案件，应同步通报公安或行业主管部门，依法给予行政处罚。

（三）从法律监督视角切实发挥检察监督职能

检察机关在办理未成年人犯帮信罪案件时，应贯彻“教育、感化、挽救”方针。针对未成年人犯帮信罪案件，可以通过谈话、帮教等多种形式，实现各个阶段对犯帮信罪的未成年人的心理及行为矫正；引入心理疏导机制，对未成年犯罪嫌疑人进行心理疏导，通过入情入理的教育，帮助其认罪、悔罪；聘请社会调查员对未成年犯罪嫌疑人犯罪原因进行审前调查，形成书面意见，在起诉书或不起诉决定书中增加未成年犯罪嫌疑人犯罪原因分析，充分发挥不起诉宣告教育仪式与庭审教育的特殊预防和一般预防作用。刑事案件宣判后，可以建议人民法院向未成年人的监护人发出《家庭教育令》或者自行制发《督促监护令》，通过家庭教育指导能够让更多的家长积极履行家长义务，关注未成年子女的生理、心理状况和情感需求。另外，针对办案中发现的问题，可以向金融机构提出检察建议，有利于监督发卡银行切实履行反电信诈骗义务，加强对未成年人开户银行卡大额交易、可疑交易的监测，能够有效预防未成年人实施帮助信息网络犯罪活动；也可以向居住地（居）村委提出检察建议，有利于村委加强教育、帮助、监督未成年人的监护人履行监护职责，教育未成年人不得收售银行卡、手机卡，从源头上预防未成年人帮助信息网络犯罪活动犯罪，以司法保护助推对未成年人的社会保护。

检察机关还可以探索建立健全未成年人犯罪社会服务令制度。社会服务令制度18世纪起源于英国，发展到今天，世界很多国家和地区都构建了相对完善的社会服务令制度。社会服务令制度是指在审查起诉阶段，人民检察院对于案件事实清楚、证据确实充分的轻微刑事案件，以“社会服务令”的方式，要求涉案犯罪嫌疑人完成相应的社会公益服务，以此作为评估犯罪嫌疑人是否认罪悔罪的因素，并决定能否适用相对不起诉的刑事诉讼制度。起诉裁量权是检察机关主导适用审前社会服务令的制度基础，依法有效构建并适用审前社会服务令能更好地实现相对不起诉的制度功能。① 社会服务令与非刑罚措施具有一定的相似性，但作用机制不尽相同，社会服务令可以在审前适用，具有过程性与效果不确定性，起到一种柔性处罚和社会化教育矫治效果，对修复法益、补偿社会、教育犯罪人具有积极作用。通过社会服务令的适用，可以强化涉罪未成年人更加恪守法律、深刻认识到其行为的危害性，培养社会责任感，塑造健康人格，以促进其真诚悔罪、预防再犯罪。

（四）从技术防范视角加强对金融、互联网等行业监管

互联网行业鱼龙混杂、金融行业不义逐利等因素是造成帮信犯罪泛滥的重要外部因素，因此要强化对网络平台及用户和银行等金融行业的法律监管，特别是通过开发设计技术措施实现严密防范的制度机制。

一方面，应加强对网络平台的严格监管。一是监管部门应督促网络平台运营商切实履行网络平台对所发布的及网络用户所发布的信息内容的审核、监督和管理责任，提升网络空间治理能力。二是网络平台应当积极主动承担社会责任，加强内容审核和监管，促进行业自律，为未成年人提供健康清朗的网络环境。② 三是重点规范网络

① 参见接萍等：《轻罪治理背景下审前社会服务令的制度构建》，载《青少年犯罪问题》2023年第5期。

② 张斌、陆甜甜：《国家亲权视域下未成年人网络犯罪防治》，载《中国检察官》2022年第16期。

招聘服务，加强就业服务行业市场监督管理，尤其是要严把网络招聘、兼职类信息发布审核，确保投诉渠道畅通有效，保护未成年求职者合法权益。四是进一步畅通社会监督渠道，拓宽举报监督线索来源，采取切实有效措施便捷公众对为信息网络犯罪提供网站广告链接等行为进行积极举报。

另一方面，应严格规范金融行业管理秩序。一是银行等金融机构应与司法机关加强协作配合，联合推进“断卡行动”工作开展，加大对异常账户的监管力度，斩断信息网络犯罪的资金流转渠道。二是严格未成年人信用卡申领程序。对未成年人申领信用卡的，银行工作人员要严格审查证件资料，核实未成年人实际经济能力，并征求其监护人的同意。三是加强对网络支付行业的整治和规范，督促第三方支付机构落实监管责任，联合多部门共同加大打击力度，遏制非法第四方支付平台发展蔓延势头。

此外，还应加强对未成年人网络及经济行为的技术干预，构筑安全“警戒线”。一是加强对未成年人的网络账号管控，对其设置监护人关联账号，对未成年人实行上网分级保护模式，针对不同年龄段的未成年人开启网络信息、上网时长等不同的权限设置，有效控制未成年人上网行为，避免其接触网络不良信息。二是对未成年人的银行账户进行技术限制，对其可开立账户数量和等级进行限制，对其账户中资金往来异常的情况及时向监护人设置风险提示。三是建立异常行为预警机制。互联网平台、银行等金融机构对未成年人网络和经济等行为发现显著异常的，应当根据开立账户时预留的监护人及近亲属信息，及时向未成年人的监护人等人员发送危险警告，及时阻断未成年人违法犯罪行为。

（五）从协同治理视角构建未成年人帮信犯罪防治新格局

从家庭、学校、社会、政府、司法、网络“六大保护”职能出发，各司其职，形成未成年人帮信犯罪协同治理新格局。一是深化对未成年人的家庭教育与亲权管护。根据《未成年人保护法》第16条规定，未成年人的父母或者其他监护人应当为未成年人提供生活、健康、安全等方面的保障；关注未成年人的生理、心理状况和情感需求。家庭是保护未成年人的第一责任主体，负有首要责任。检察机关可以针对监护人在日常监护中存在的问题、如何正确履行监护职责、监护职责相关的法律规定以及违反规定需要承担的后果开展有效的家庭教育指导。二是充分发挥学校知识传授与人格培养方面的重要作用。大中学校、高职技校等要结合学生特点采取学生易于接受的方式，有效开展价值观、金钱观教育，让未成年人树立正确的人生观和价值观，做到知法、懂法、守法。三是从社会层面加大对未成年弱势群体的保护。如优化做好就业服务指导，帮助未成年毕业生与待业人员树立正确择业就业观，落实落细创业支持政策，增设公益性岗位，营造良好创新创业环境。四是以社区、街道、乡镇为责任主体建立未成年务工人员台账，加强关注，共筑帮信犯罪“防火墙”。

（六）从源头预防角度加强对未成年人的法治宣传教育

“预防是最好的防治”，只有从源头上做好控制，才能有效预防和减少未成年人涉帮信犯罪行为，防止未成年人群体沦为帮信犯罪工具。对未成年人进行普法教育，使之增强自我保护意识，树立正确的价值观，是预防未成年人网络犯罪的重要方式之一。一是加强选树防范网络犯罪典型人物、典型案事例以及反面案例的宣传力度，借助各种传统和新兴媒体，采用以案释法、案例剖析的方式进行普法宣传教育，实现宣教效果持续化、最大化。二是针对在校未成年学生群体，构建“家庭—学校—社会”协同育人机制，成立校园反帮信犯罪志愿服务组织，推进线下校园宣传与线上主题微课融合，加强校园周边环境治理。认真做好网络犯罪相关法律知识的宣传教育，进一步发挥家庭、学校作为未成年人的第一课堂的重要作用，司法机关进一步做好第二课堂，积极构建家庭、学校、社会三位一体的立体防御网络。三是针对参加工作的未成年人群体，联合实时通信、短视频、购物、导航及热门手游类手机App运营公司，投放反诈反帮信手机App开屏公益广告，增强宣传精准度和覆盖面。四是针对辍学待业未成年人群体，深入社区等特定场所，通过法律咨询、知识问答等形式增强防范意识。

五、结语

我国的司法实践表明，治理远比治罪复杂，治理轻罪更加考验国家的现代化治理能力和水平。在未成年人涉帮信犯罪案件中，犯罪治理必须回应更加多元的价值追求，协调惩治与教化、自由与秩序，既要抓末端、治已病，更要抓前端、治未病，在强化法治教育、提升法律意识，织密预防监管体系等方面不断发力，推动未成年人涉帮信犯罪问题科学治理，守护好国家的未来和希望。

工作研究

以“检护民生”专项行动为抓手 大力加强未成年人民生司法保障

周海波*

为持续深化习近平法治思想的检察实践，积极践行检察为民初心使命，做实人民群众可感受、能体验、得实惠的检察为民，2024年2月，最高检在全国检察机关部署开展“检护民生”专项行动。最高检未成年人检察厅充分认识加强未成年人民生保护对维护稳定、促进发展的重要意义，坚持始终站稳人民立场，立足未成年人检察职能，以满足人民群众对未成年人健康成长的美好生活需要为出发点和落脚点，以“加强和改进未成年人权益保护”为重点，精心组织、周密部署、统筹推进，推动专项行动取得明显成效。

一、整体情况

最高检未成年人检察厅专门下发《关于未成年人检察部门深入开展“检护民生”专项行动　全面保护未成年人合法权益的通知》，指导、带动各级院未检部门，充分发挥“四大检察”综合履职优势，将开展专项行动与落实“高质效办好每一个案件”一体推进。坚持问题导向，找准未成年人民生保障方面的突出问题，重点发力。加强对下指导，将“检护民生”作为未成年人检察条线每季度业务数据分析研判会商的重要内容，定期开展点评分析，不断提升专项行

* 周海波，最高人民检察院未成年人检察厅二级高级检察官。

动的针对性、实效性。各地检察院未检部门积极部署相关工作，结合本地实际，灵活运用小专项、“回头看”、联合执法等方式，切实解决了一批关系未成年人切身权益的难点、堵点问题，推动了未成年人权益保护长效机制建设，促进社会治理薄弱环节不断完善。工作中，各地未检部门积极探索，推出了一批有效、管用的涉未成年人大数据模型，通过数字赋能进一步提升发现问题、解决问题的能力，工作质效明显提高。

二、重点工作

（一）坚持预防在先，在预防和减少未成年人犯罪上下功夫

一是集中开展未成年人控辍保学工作。失学、辍学未成年人犯罪是未成年人犯罪治理的顽疾。为推动这一问题解决，2024年7月，最高检未成年人检察厅全面梳理全国涉案未成年人失学辍学情况，就摸排出的辍学和隐性辍学涉案未成年人向教育部制发通报，提出工作建议。教育部根据最高检提供的信息组织全国教育行政部门进行核查与反向检视。各地检察机关未检部门主动对接教育行政部门，加强工作联动，有效督促一批涉案未成年人复学返学，并进一步完善了控辍保学工作机制。

二是全面强化校园安全。进一步落实《检察官担任法治副校长工作规定》，以法治副校长实职化履职为抓手，积极参与平安校园建设，督促学校建立健全防范校园欺凌长效机制，落实各项安保措施，帮助排查化解涉校矛盾纠纷，对存在不良行为、严重不良行为的学生早发现、早教育，避免不良行为恶化。天津、内蒙古等地检察机关组织开展防范治理校园欺凌专项活动。

三是积极推动预防未成年人违法犯罪体系建设。最高检未成年人检察厅对未成年人犯罪高发多发问题深入调研，形成专题报告报中央政法委。牵头起草《关于加强未成年人罪错行为分级干预矫治的

意见》，推动根据未成年人的罪错行为严重程度、身心发育程度、心理偏常状况、日常表现和生活环境等情况，依法采取分级分类的干预措施，开展有针对性的预防、教育和矫治。大力推动专门学校建设，积极参与制定专门学校建设和专门教育工作相关规定，进一步加强对专门教育和专门矫治教育的法律监督。黑龙江、四川等多地检察机关被政法委确定为预防未成年人违法犯罪工作牵头单位，在全省预防未成年人犯罪工作中发挥了重要作用。

（二）找准侵害未成年人犯罪痛点，依法严惩群众反映强烈的突出问题

一是以“零容忍”态度从严打击性侵害未成年人犯罪。最高检未成年人检察厅指导各地检察机关未检部门严格落实“两高两部”关于性侵害未成年人犯罪的司法解释和意见，在认定嫌疑人“明知”被害人不满14周岁、造成幼女伤害等问题上坚持从严标准。对重大敏感、疑难案件加强跟踪指导，确保办理及时、定性准确。湖南、云南、安徽等地积极开展性侵害未成年人犯罪专项行动，在防治性侵害未成年人犯罪方面成效明显。

二是坚决打击组织未成年人进行有偿陪侍类犯罪。2024年1—11月，全国检察机关未检部门共起诉包括组织未成年人有偿陪侍在内的组织未成年人进行违反治安管理活动罪2000余件。陕西、山东、广西等地打掉多个组织未成年人卖淫、有偿陪侍团伙，在当地引起较大反响，教育、警示作用明显。

三是重点打击利用网络实施的侵害未成年人犯罪。2024年1—11月，检察机关起诉利用网络实施涉未成年人性侵犯罪1700余人。在办案中认真把握网络性侵害案件受害人多的特点，坚持深挖扩线，溯源追踪，务求除恶必尽。重庆市北碚区检察院在办理一起猥亵儿童、传播淫秽物品牟利案中注重对案件背后的网络犯罪进行穿透式打击，积极向公安机关移送案件相关线索，公安机关不仅查封了该

网站，还开展跨区域“集群战役”，成功立案 44 起，抓获 60 余人。

（三）坚持未成年人特殊、优先保护救助，帮助受害未成年人重回生活正轨

2024 年 8 月，最高检与公安部等部门联合发布《关于建立完善性侵害未成年人刑事案件“一站式”办案救助机制的意见》，进一步明确了未成年被害人特殊、优先保护原则，规范了综合保护的流程和措施。最高检未成年人检察厅与全国妇联权益部共同举办“涉案未成年人保护救助”同堂培训，进一步统一思想认识，提升工作能力。各地检察机关全面落实未成年人“应救助尽救助”要求，积极开展司法救助，主动联系相关部门推动落实临时照料、心理疏导、医疗康复、复学转学、技能培训等综合救助，帮助未成年人尽快摆脱受害阴影，重回生活正轨。专项行动期间，根据“检护民生”专项行动统一安排，各地未检部门检察机关异地救助数量明显增多，效果明显增强。京津冀、沪苏浙皖等地建立长效异地协同救助机制，救助实效进一步提升。

（四）精准开展民事法律监督，守好维护未成年人权益保护“最后一道防线”

一是精准开展支持起诉。结合未成年人案件特点，最高检未成年人检察厅将未成年人没有法定监护人、未成年人监护人诉讼能力缺失、未成年人监护人是侵害人三类案件作为工作重点，指导各地检察机关未检部门精准开展支持起诉。2024 年 1—11 月，各地检察机关未检部门对请求给付抚养费、请求变更监护权、请求人身损害赔偿等涉及未成年人切身利益的案件，支持起诉 4000 余件。北京市东城区检察院对网络侵权案件支持起诉、福建省厦门市思明区检察院对因家暴申请人身令的案件支持起诉，“检护民生”的内容更加丰富。

二是积极运用再审检察建议、抗诉方式加强法律监督。浙江省杭州市检察院对一起严重侵犯民事被告人未成年子女合法权益的债务纠纷案件提出再审检察建议，审判机关依法予以支持，之后市检察院督促市规划局、公安局等部门联合出台《协同保障未成年人不动产权益的工作指引（试行）》，从制度上健全了对未成年人的财产保护。

三是不断加强民事执行监督。四川省三级检察机关联合法院开展未成年人抚养费执行小专项，发现被执行人有可执行财产线索484条、法院未依法实施信用惩戒措施线索706条，依法督促法院予以纠正。其中，成都市法院根据检察机关检察建议，恢复抚养费执行143件，为30名未成年人追回抚养费15万余元，对18人进行了信用惩戒，以案释法，很好地向社会传递了未成年人特殊、优先保护理念。

（五）直面未成年人公益保护难点，大力推动社会治理

一是指导各地检察院集中开展宾馆、娱乐场所违规接纳未成年人法律监督专项活动。各地检察机关未检部门联合市场监管、文旅、公安等责任单位进行全面排查，对娱乐场所违规雇用、接纳未成年人，宾馆业不落实未成年人入住“五必须”等突出问题进行集中整治，限期整改。经集中治理，2024年湖南、海南等省份发生在该类场所的侵害未成年人案件下降。福建、江苏等地对电竞酒店、私人影院、日租房等新业态治理进行探索，确保未成年人保护不留死角。

二是重点推进网络保护法律监督。各地检察机关未检部门结合当地实际，灵活运用公益诉讼、制发社会治理检察建议、沟通蹉商等方式，推动未成年人保护法关于未成年人网络保护规定落地落实。上海市检察院与市委网信办、市文旅执法总队共建未成年人网络保护协同机制，建立“检察+网安+网信+文化执法”四方协作，推动实现刑事侦查、行政执法、法律监督一体贯通的工作格局，开展网络空间源头治理。广东省检察机关在办案中发现非辖区内互联网企业开发运营

的网络社交软件存在监管漏洞，主动联系互联网企业所在辖区检察院的未检部门，运用实地调查、检察建议、座谈回访等监督方式，帮助互联网企业堵漏建制，落实未成年人网络保护主体责任。

三是积极维护涉未成年人文娱消费安全。上海、安徽等地检察机关针对“软色情”手办、盲盒盲卡、玩具的经营乱象，督促主管部门开展专项治理行动，坚决杜绝可能影响未成年人身心健康的不良文娱产品，净化未成年人文化消费环境。

四是全面加强涉校安全。天津、贵州等地检察机关联合教育行政、市场监管等部门开展校园食堂安全专项行动，全力保障学生“舌尖上的安全”。河北、福建等地检察机关注重加强对校园周边违规销售烟酒、彩票治理，保障校车运营安全，推动校外学生托管机构治理，促进校园安全建设。

（六）积极开展困境未成年人特殊保护，让每一位未成年人感受到关爱

最高检与民政部等部门联合下发《加强流动儿童关爱保护行动方案》，与全国妇联等部门联合下发《深化开展爱心妈妈结对关爱留守儿童和困境儿童三年行动方案》，并持续抓好落实。各地检察机关未检部门细化落实措施，积极开发事实无人抚养儿童、孤困儿童权益保障监督大数据模型，及时发现涉案困境儿童线索，加强与相关部门的对接，推动孤困儿童及时得到有效救助。江西、河南等地检察机关针对办案中发现的残疾未成年人受教育权未得到保障等问题，部署开展残疾未成年人权益保护专项监督行动，落实残疾未成年人生活补贴，落实送教上门或特殊学校就读等特殊教育政策。宁夏自治区永宁县检察院通过无户籍未成年人保护大数据监督模型，发现多名无户籍未成年人线索，协调民政、教育部门办理户籍登记、纳入低保、参加医保、安排入学，帮助无户籍未成年人获得基本生活保障，平等享受社会福利。甘肃省积石山县检察院在工作中发现一起少数民族幼女即将被安排结

婚的线索后，及时联合乡镇工作人员、派出所民警对男女双方亲属和宗教教职人员进行法治教育和警示，劝导双方亲属推迟婚期，并向州委政法委专题汇报，部署在全州范围内开展专项法治宣传，对于减少民族地区早婚陋习、转变婚嫁观念发挥了良好作用。

三、下一步工作安排

通过专项行动，各地检察机关未检部门办案质量进一步提高，主动发现案件线索的能力不断加强，社会治理薄弱环节有效改善，未成年人民生保障更好地得到落实。同时，侵害未成年人犯罪高发等深层次问题仍然存在，未检部门推进涉未成年人民生保障任重道远。对此，最高检未成年人检察厅将进一步强化“护民生就是护未来”的意识，指导各地以更实的作风、更强的举措做好未成年人司法保护工作，增强人民群众获得感、幸福感，用扎实的检察为民厚植党的执政根基。

（一）进一步提高未检办案质效

落实“高质效办好每一个案件”要求，从严打击侵害未成年人犯罪，加大未成年人民事、行政监督工作力度，强化涉未成年人公益诉讼办理效果。2025 年，最高检未成年人检察厅计划编发性侵害未成年人刑事抗诉指导性案例，发布刑事、民事、公益诉讼未成年人检察工作指引，进一步提升未检条线工作规范化、专业化水平。

（二）进一步强化未成年人检察综合履职

坚持问题导向，聚焦专项工作中发现的未成年人保护薄弱环节，践行“一案多查”工作模式，落实一体化办案、综合取证、内部联动、异地协作等办案要求，综合运用刑事、民事、行政、公益诉讼职能，强化未成年人检察法律监督，全面维护未成年人合法权益，推动相关职能部门形成“六大保护”合力。

（三）进一步增强大数据在未成年人保护中的应用

加强大数据在未成年人保护中的应用研究，充分发掘数字科技在有效排查、及时发现涉未成年人问题中的作用，指导各地结合工作实际开发相关大数据监督模型，及时发现未成年人保护线索。积极参与最高检应用大数据法律监督模型推广工作。

（四）进一步加强未成年人检察队伍建设

深入研究“三个管理”在未检条线的应用，统筹运用案件管理、业务管理、质量管理，全方位提升全国未检业务条线办案能力和业务素质，推进未检队伍建设。

罪错未成年人分级干预矫治数字化、网格化、精准化研究

顾琤琮 梅 静 赵 璐*

近年来，低龄未成年人实施恶性暴力犯罪案件屡见报端，如13岁初中生杀人案、12岁男孩虐杀4岁半女童案、9岁未成年人严重霸凌案等，别让未成年身份成为犯罪的理由引发公众热切关注。党的二十届三中全会通过的《中共中央关于进一步全面深化改革推进中国式现代化的决定》明确指出："加强和改进未成年人权益保护，强化未成年人犯罪预防和治理"，且特别放在"完善推进法治社会建设机制"模块，对未成年人违法犯罪预防提出更新的要求。罪错未成年人分级干预相关理念、架构历经十余年的理论及实践发展，逐渐走向社会共识和立法宣示①，是未成年人犯罪治理体系的核心内容，也是更好贯彻落实"教育、感化、挽救"方针和"教育为主、惩罚为辅"原则的具体表现。各地检察机关对罪错未成年人分级干预机制虽有实践探索，但未成年人分级矫治的精准度和规范性仍有待提升，系统治理、全面优化的保护效能尚未完全释放，亟待在理念转型、功能拓展、社会支持体系一体化建设等方面重点突破、提质增效。

---

* 顾琤琮，上海市人民检察院第九检察部主任、三级高级检察官；梅静，上海市长宁区人民检察院第七检察部主任、四级高级检察官；赵璐，上海市长宁区人民检察院第七检察部四级检察官助理。

① 吴羽：《罪错未成年人分级干预机制研究》，载《犯罪研究》2022年第5期。

一、深入推进未成年人罪错行为分级干预的必要性分析

（一）及时应对未成年人犯罪低龄化形势

据最高人民检察院公布的 2014—2023 年未成年人检察工作的相关数据，[①] 每年受理审查起诉未成年犯罪嫌疑人的数量在 5 万至 10 万之间波动，总体来看未成年人犯罪数量呈现上升趋势。2014 年受理审查起诉的未成年犯罪嫌疑人为 77405 人，到 2015 年、2016 年下降至 67737 人、59077 人；但从 2020 年开始，人数出现了反弹，2021 年、2022 年、2023 年三年间涉嫌犯罪的未成年人数量持续走高。2023 年全年检察机关受理审查起诉未成年犯罪嫌疑人 9.7 万人，[②] 达近十年最高。最高人民检察院《未成年人检察工作白皮书（2023）》显示，从 2023 年检察机关受理审理逮捕、审查起诉未成年犯罪嫌疑情况来看，14—16 周岁未成年犯罪嫌疑人为 10063 人，同比上升 15.5%。未成年人的身心发育处于不成熟的状态，行为处事往往比较盲目和随意，违法犯罪行为有时仅仅是冲动意识作用下的瞬间行为。主要是由于低龄未成年人心智发育不成熟，自我控制管理能力欠缺，对不良环境的抵抗力较弱，易走上违法犯罪道路。有调查显示，多数低龄未成年人在违法犯罪前，均有与不良同辈频繁交往、加入少年帮派等行为，从而沾染逃学、夜不归宿、抽烟、沉迷网络等不良行为，进而逐步发展为结伙盗抢、聚众斗殴等违法犯罪行为。[③] 若低龄未成年

① 参见《未成年人检察工作白皮书（2014—2019）》，载最高人民检察院网上发布厅 2020 年 6 月 1 日，https：//www. spp. gov. cn/xwfbh/wsfbt/202006/t20200601_463698. shtml#2；《未成年人检察工作白皮书（2022）》，载最高人民检察院网上发布厅 2023 年 6 月 1 日，https：//www. spp. gov. cn/spp/xwfbh/wsfbt/202306/t20230601_615967. shtml#2。

② 《对涉罪未成年人宽容不纵容！2023 年全国检察机关审查起诉未成年人犯罪 9.7 万人》，载中青在线 2024 年 3 月 1 日，https：//news. cyol. com/gb/articles/2024 - 03/01/content_YOJLZmfmpZ. html。

③ 黎民诚、庞忠琳、王荣：《未成年人犯罪低龄化：问题、原因及对策——以 G 省未成年人犯罪案件为例》，载《广西政法管理干部学院学报》2023 年第 2 期。

人长期暴露在不良信息或不良群体的影响之中而各界保护却未能及时介入，则很容易导致其产生犯罪倾向。未成年人犯罪低龄化趋势较为直接地反映出未成年人罪错分级干预措施不够完善、未成年人教育保护措施还不到位、未成年人保护社会治理还存在一些薄弱环节。

（二）有助于提前介入并及时阻断未成年人犯罪

未成年人违法犯罪通常会经历一个由轻至重的演变过程。很大一部分未成年犯曾存在不良行为或严重不良行为，但是这些不良行为或严重不良行为并未得到重视，或进行了错误的干预，导致他们的行为逐步恶化，最终演变为犯罪行为。如果缺乏与其行为相匹配的干预措施，常常会出现“一放了之”的局面，既难言对涉罪未成年人的教育矫治，还可能对社会造成潜在的隐患，也难以抚慰被害人的创伤，进而引发社会矛盾。只有对未成年人不良行为、严重不良行为进行及时干预，才能有效防止未成年人走向犯罪的道路。罪错未成年人分级干预机制提倡早发现、早干预的原则，根据未成年人罪错行为的严重程度和未成年人的个体情况，采取个别化及相匹配的矫治措施，让行为人不因为年龄而肆意妄为，认识自身行为的错误及应受谴责性，从而进行自我规制，避免不良心理的恶性演变，预防犯罪行为的发生。

罪错未成年人分级干预是“罪责刑相适应”原则的具体应用，对未成年人的罪错行为根据主观恶性程度和行为危害程度进行考量，然后对罪错未成年人进行合理分级，从而选择相适应的处遇措施，有利于让未成年人认识到自己所受何种惩罚取决于自己行为的危害后果，也有助于司法机关在办案中关注行为人除危害结果以外的其他因素，如行为人的再犯可能性和人身危险性等因素。对未成年人进行分级干预的过程中也能够让司法机关进一步了解罪错未成年人的处境，从而针对性地选择合理的管理措施，这也符合当前司法制度所要求的矫治措施个性化目标，能够更好地体现公平正义，对未成年人违法犯罪起到有效矫治和再犯预防的效果。

（三）有利于避免“标签效应”对未成年人的不良影响

标签理论是建立在这样一种理论假设之上：一个人会对其他人对自己的行为所下的定义作出反应。按照标签理论的观点，控制犯罪的机制也是导致个体犯罪的原因。[①] 人类行为是人的自然心理机制和生理状况以及周围生活环境相互作用的结果，[②] 无论何等精妙的刑罚设计和适用都无法对犯罪原因产生任何实质性的影响。而且，刑罚在发挥其预防犯罪功能的同时，也难以避免地不断催生着更加凶恶的惯犯和累犯，这种负面作用具体到未成年犯罪人身上就更为突出。

未成年人的心理兼具认识能力低与意志力弱的特征，这种心理特点决定了未成年人犯罪的反复性较大，轻易动用刑罚处罚容易导致其重新犯罪概率的增加。司法实践也逐渐证明，有相当比例的少年犯过去只是“一面手”，从改造场所出来后反倒变成了“多面手”，所犯新罪往往比以前所犯罪行严重得多，且犯罪类型也有扩展的趋势。[③] 未成年人犯罪大多是因为心理、生理、认知和情绪不成熟，随着年龄的增长，未成年人心理、生理和社会认知程度等各个方面逐步获得了发展并慢慢成熟，通过有效的矫治和预防，大多数未成年人罪错行为也会逐步“自愈”。因此，预防未成年人犯罪的关键之举是从源头上降低未成年人犯罪的风险因素，保护未成年人的正常社会化和成长。应遵循最有利于未成年人原则，构建紧密衔接、层次分明的分级干预矫治体系，充分发挥保护处分的作用，对罪错未成年人精准施策，根据案件情况采取非司法性、非机构性的处遇方式，

---

① 姚建龙：《青少年犯罪与司法论要》，中国政法大学出版社2015年版，第44-45页。

② ［意］恩里科·菲利：《犯罪社会学》，郭建安译，中国人民公安大学出版社1990年版，第14页。

③ 张远煌：《从未成年人犯罪的特点看现行刑罚制度的缺陷》，载《法学论坛》2008年第1期。

避免“贴标签”对未成年人不良行为的负强化效应。

二、未成年人罪错行为分级干预的困境检视

罪错未成年人分级干预是预防和减少未成年人犯罪的核心措施之一，但是罪错未成年人分级干预机制在深度规范化建设中仍存在分级干预矫治的精确度、有效性和覆盖面不足的问题，具体表现为三级干预矫治措施种类偏少、具体区分不细、轻重衔接失衡，且体系协调性不充分，缺乏具体明确的操作性规定。

（一）未成年人罪错行为“三分法”的划分存在局限性

修订后的《预防未成年人犯罪法》第28条、第38条确立了不良行为、严重不良行为以及违反刑法规定需要予以刑事处罚的行为三级干预矫治的基本框架。罪错行为“三分法”在很大程度上受三级预防理论的影响，“预防未成年人犯罪法针对未成年人犯罪的规律，在立法结构上规定了从一般预防到特殊预防，即首先从源头上遏制未成年人犯罪，根据未成年人走上犯罪道路的规律和客观原因，强调对未成年人的不良行为的预防，防微杜渐；对于已经有严重不良行为、临近犯罪边缘的未成年人，规定了对其进行教育和矫治的挽救措施；对于已经构成犯罪的，又着重从如何预防其重新犯罪进行了规定”。[①] 根据三级预防理论，一级预防主要从一般预防的角度出发，其干预措施可以对应不良行为；二级预防主要针对可能实施犯罪行为的未成年人，其干预措施对应严重不良行为；三级预防主要针对已实施犯罪行为的未成年人，其干预措施对应犯罪行为。但是，三级预防理论实际上是一种“目标导向之公共卫生犯罪预防模式”，这种理论有助于指导预防犯罪的工作，但缺乏从“个体行为的视角”

---

① 胡康生主编：《中华人民共和国预防未成年人犯罪法释义》，法律出版社1999年版，前言第2页。

对问题所做的考虑，[①] 罪错行为“三分法”也受到了一定质疑。“三分法”最大的争议在于其划定的“严重不良行为”实质上包括违警行为和触刑行为两种性质不同的行为，将其等同处置显然忽视了实施违警行为和触刑行为的未成年人在主观恶性和行为危害程度上的显著差异，导致干预措施的层次混乱。对于不满刑事责任年龄不予刑事处罚的罪错行为缺乏针对性的矫治措施，分级干预落实不到位。此外，矫治措施教育性、强制性和惩戒性各有不同侧重，但不同的教育矫治措施之间轻重衔接失衡、行刑衔接机制不畅、非案件化的办理形式导致干预措施的随意性和碎片化，妨碍了教育矫治效果的更好实现。

（二）矫治措施实施主体配合衔接不畅

《预防未成年人犯罪法》第55条、第56条、第57条分别规定了社区矫正机构、未成年犯管教所、涉罪未成年人的监护人和学校、村居委在涉罪未成年人矫治帮教工作中的职责，但是现有规定较为原则、笼统，具体以何种方式开展帮教、帮教的内容应当包含哪些、帮教的效果评估及后续跟进都没有予以明确。司法实践中，少年警务是未成年人罪错分级干预制度的关键一环，但是没有获得应有的重视。尽管我国未成年人“两法”对于相应的专门机构和专业人员有着明确的提倡或指示，但少年警务专门机构的发展仍然较为缓慢。[②] 此外，各部门对于罪错未成年人行政拘留、过往情况等信息缺乏共享和交换，也缺少前置性的社会背景调查机制。部分帮教主体中缺乏心理学、教育学领域的专业人员，在开展帮教工作时专业性不足，缺乏实质内容上的帮助教育，这与矫治感化和教育未成年人

① 参见姚建龙：《未成年人罪错“四分说”的考量与立场——兼评新修订〈预防未成年人犯罪法〉》，载《内蒙古社会科学》2021年第2期。

② 高维俭：《未成年人罪错分级干预制度的完善策略》，载《上海法治报》2024年5月29日，第B3版。

的初衷相违背，实际帮教、矫治效果存疑。

未成年人罪错行为分级矫治在社会共识层面尚未获得充分认识与认可，尚未形成常态化社会协同治理机制。现实中由于实施主体衔接不畅，罪错未成年人分级矫治面临“责任困境”，在充分落实未成年人矫治教育时面临“防护困局”，导致难以适时提供符合未成年人身心特点的精准帮教。未成年人保护及犯罪预防工作具有复杂性和专业性，要预防未成年人从犯错走向犯罪，必须多管齐下、多方并举，搭建起周延的未成年人帮教社会支持体系网络，将未成年人罪错行为发生的概率降到最低，以此来减少未成年人在日后回归社会后再犯罪的可能性。

（三）专门学校建设和运行亟须规范化

新修订的《预防未成年人犯罪法》将加强专门学校建设和发展专门教育作为罪错未成年人分级干预的重点工作，但实践中，各省市专门学校均存在生源分布差异较大，缺乏科学统筹和区域转介协作机制以及基础设施薄弱、标签效应强等问题。不少地方的专门学校甚至因生源不足、相关政府部门不重视、师资配备不合理等问题存在停办风险。[①] 专门学校建设难以满足实际矫治需求，难以保障专门教育矫治成效。目前，实践中如何决定适用专门教育、如何闭环管理、如何救济举措缺乏具体规定。《预防未成年人犯罪法》改变招生方式后，专门学校变成了由父母或其他监护人、学校提出申请，经教育行政部门批准后才能入学，这种改变的出发点是为了更好地保护未成年人的合法权利，但实际上却限缩了专门学校的发展空间。其中也没有明确对专门教育指导委员会的职能设置、人员组成、评估机制进行规定，也未指明专门教育指导委员会个案评估职能如何履行、教育行政部门与公安机关“会同决定”如何运作、专门矫治

---

① 江勇：《我国未成年人刑事司法制度的社会支持机制研究——以附条件不起诉制度为例》，载《青少年发展成长和研究》2020 年第 2 期。

教育机制如何监督等问题，不能为实践适用层面提供足够明确、清晰的操作指引。此外，专门学校管理没有统一标准，实践中有的专门学校的主管部门是当地政法委，有的是教育行政部门，还有的是司法行政部门，囿于各主体职能定位的不同，导致各地专门学校在招生范围、管理模式和学校建设等方面存在一定程度的差异。教育行政部门主管下的专门学校极易出现“文化教育有余、矫治教育不足”的情况，专门学校的特有色彩也逐渐被弱化，逐步演变为普通学校；其他部门主管又不能凸显其教育属性，学校课程的设置更加注重对学生的管束和矫治，导致未成年人教育和普通学校义务教育内容脱节。

从C区现实情况来看，随着专门学校生源萎缩以及区域教育资源整合利用等，教育行政部门作出停止招生、变更校舍用途等安排。转型后的专门学校继续保留对行为不良学生的矫正功能，但从原来的集中管理矫正，转型为送服务到各基层学校，对有需求的学校提供上门指导服务，同时继续保留并强化原专门学校“校外教育工作联络组”的力量，组建“未成年人权益保护中心”，承担本区行为偏差学生的帮扶指导工作。此外，专门学校由于生源少，教师编制受限，加之学校的特殊性，且目前专门学校教师职称评审纳入普教序列，导致教师与同学科普教教师在职称评审中处于弱势，且当前适应专门教育的教师培训资源、力度、专业性均较为有限，如学科教研活动对专门学校教师的针对性、有效性不强。

三、深化罪错未成年人分级干预体系建设的完善路径

在新的发展时期，罪错未成年人分级干预矫治机制需要全面贯彻党的二十届三中全会精神，坚持习近平法治思想，深刻把握新时代“枫桥经验”的科学内涵和实践要求，探索形成以注重保护、强调修复、积极预防为逻辑，以分类科学、规范有效、整体协同、配合有力为特征的矫治体系，做到法理情相统一，治罪与治理并重，更好

地服务中国式现代化。

（一）厘清罪错行为分级干预矫治核心要点

罪错未成年人分级干预矫治可以尝试性探索将不良行为细化成不良行为及违警行为，明晰公序良俗与治安管理处罚法的关系与定位，强化对轻微不良行为的早期干预，更为精准教育矫治未成年人的偏差行为。

在细化分级标准之后，应注重把握好以下几点：一是干预的整体性。分级干预矫治虽然依赖于专门教育，但更离不开整个教育矫治体系的协同运作，即体系内的各类处遇措施的分工协作，仅仅强调专门教育“包治百病”则会削弱“分级干预”的理念，难以保障在类型化基础上开展有针对性的教育矫治，导致专门学校孤立于其他教育矫治措施。二是干预的适当性。应当引入专业社会化力量，根据未成年人的身心特点和存在问题的矫治需要，应因人制宜分类精准开展矫治教育，根据未成年人行为类型、年龄、社会危险性等制定个性化的矫治措施和弹性制教育期限，必要时可灵活采用入校指导模式，对学员实行“学分制”管理，制定“正面行为”“负面行为”指标清单，系统自动进行监督帮教学分计算，形成学员学习、生活轨迹的精准“画像”。三是干预的连续性。以科学合理的风险评估机制贯穿矫治全流程，根据评估结果适时调整教育矫治措施，做好不同措施之间的转化和衔接，依法规范开展行刑反向衔接，切实做好不起诉“后半篇文章”。

（二）强化罪错未成年人分级干预矫治综合一体化治理

未成年人罪错行为是家庭、学校、社区乃至社会问题的缩影，因此罪错行为矫治也需要家庭、学校及社会组织等多方力量提供环境支持和路径保障。应依托团委、妇联等社会团体广泛链接社会资源，拓宽红色教育、观护帮教、心理咨询、职业培训、社会救助等多样化需求类型，以检察保护推进“六位一体”多机构、多元化、多维度社会支持资源靶向供给。

一是要坚持问题导向，强化家庭监护的监督与支持。未成年人实施罪错行为，重要原因之一是家庭监护缺位或者家庭监护不当。针对部分涉罪未成年人家庭结构不完整、家庭监护缺失甚至遭受监护侵害问题，通过“督促监护令”、训诫书、责令接受家庭教育指导等形式，对失职监护人进行惩戒教育。

二是要做到防微杜渐，发挥学校教育管理的关键作用。未成年人实施犯罪行为之前多有不良行为，由于没有得到及时有效的干预、矫治，逐步演变为违法犯罪行为，因此学校应加强对学生不良行为的动态排摸和教育惩戒。

三是引入专业力量，发挥社会保护的支撑作用。罪错未成年人分级干预机制的运行，需要包括司法社工和心理专家等在内的专业主体参与。一方面，应加快培养相关专业人员，孵化专业社会组织，建设专业力量储备库；另一方面，针对现有观护基地存在功能弱化、程序空转等现象，应重新摸排梳理，推动新增基地，调整优化布局，强化阶段评估、定期考核、全程管理，择优筛选优质可靠的司法社会服务机构开展工作，激活观护基地新效能。

四是聚焦社会关切，发挥政府保护的核心作用。针对一些未成年人辍学失管、游离于社会之外的问题，以基层未成年人保护工作站全覆盖为抓手，与教育、行政部门互通信息、联动帮扶，促进未成年人控辍保学和教育权利保障落实。

五是运用数字手段，发挥网络保护的重要作用。在涉未成年人网络权益保护线索发现、报告移送、纠纷处置、维权救助等方面强化工作衔接和信息共享，压实行业自律和企业主责，净化未成年人健康成长网络环境，推动形成未成年人网络保护工作立体格局。

六是检察机关应依法发挥司法保护的保障作用，推动专门矫治教育与检察办案配套衔接，对于因不满法定刑事责任年龄不予刑事处罚、相对不起诉、附条件不起诉，经评估认为确有必要的，做到“应送尽送”。

（三）全方位促进专门学校建设和实质化运作

一是加强专门学校师资队伍建设。目前，师资力量薄弱是阻碍专门学校发展的主要问题之一，需制定规范的教师管理机制和激励机制，不断优化专门学校师资质量。首先要加强教师配置。建议根据实际情况专门学校每个教学班学生数应在15—20人，每个班级配备专任教师不少于4人，配备教育管理人员4人。其次要健全专门学校教师培训和职称评价制度。对专门学校教师开展专项培训，明确对专门学校教师申报中小学中高级教师职务任职资格，要合理确定专门学校教师中高级职务任职资格评定比例。最后要保障专门学校教职工待遇。明确在核拨专门学校绩效工资总量时要予以倾斜，并保障专门学校教职工值班工作经费。

二是因地制宜科学优化专门学校布局。建议以地级市为单位，以“一地一策”差异化布局集中建设一批投资小、功能齐、特色亮的专门学校，将社区矫正与专门学校教育相结合，因地制宜做好资源整合和功能升级，促进专门学校建设数量和质量双提升。综合考虑人身危险性、身心发育程度、心理偏常情况、义务教育接受情况设置不同的收生条件、管理机制及入学程序，并做好不同专门学校之间的衔接工作。此外，还应实现专门学校跨区域立体联动。目前在异地协作时存在个案协调多、机制化规范处置少的情况。下一步要依托长三角一体化协作机制统一区域内专门学校入学、离校评估一体化标准和同城化待遇，打通异地转介渠道，促进异地专门学校协作常态化、制度化、规范化。

三是完善专门学校课程设置。专门学校对未成年人施行分类管理，除了在课程设置上与普通学校相同，还应增加所需的专题教育，针对行为产生的原因以及心理特点，开展矫治工作，保证他们继续接受并完成义务教育，为他们接受高中教育、职业技能教育和培训提供帮助。在法治教育方面，增加学校法治教育的课时，编写适合专门学校学生的法治教育教材，丰富法治教育的方式，重点讲授权利与责任，培养规则意识和底线意识。还要加强对专门学校学生家庭教育的指导，通过采取家访、邀请家长来校参加活动等方式，提高家庭教育的科学性，改善学生家庭亲子关系和成长环境。

（四）数字赋能未成年人分级干预矫治

持续深入践行新时代“枫桥经验”，落实“抓前端、治未病”要求，运用数字化手段推动治理模式向事前预防转型。针对罪错未成年人底数不清的问题，需要依托数字化手段对教育矫治措施进行全流程监督，破解检察监督难以实现全覆盖的问题。此外，还可以通过引入大数据、人工智能等技术手段，对未成年人罪错行为分级干预执行进度实时监控和评估，为矫治效果评估提供更加科学、客观的依据。

一是打通数据壁垒。要解决底座数据零散、多系统数据壁垒、隐私保护等诸多问题阻碍，可整合教育、民政、公安、检察、法院等部门信息，建立罪错未成年人信息数据动态共享平台，健全信息查询、交换、共享机制，并依据部门职责范围设置数据应用权限，依托大数据融合，对罪错未成年人统一建库管理、精准智能分级干预、个性化定向教育矫治，破解检察监督难以实现全覆盖的问题。二是加强数据赋能。如C区检察院运用小程序与基层政府未成年人保护“云平台”信息全量库联动开展数字化、网格化检察履职模式，利用人工智能、大数据等技术构建法律监督模型提取未成年人行为偏差以及家庭教育问题等数据，深度挖掘、多维比对以分析罪错未成年人数据变化及情节特点，对干预措施的实施效果开展跟踪评估，以信息化管理实现动态、精准帮教。同时，运用平台收集、评估监护缺失、残疾、贫困等困境儿童情况，精准调配社会支持资源，促进控辍保学。

（五）强化青少年法治教育基地建设

对于罪错未成年人而言，惩治不是目的，预防才是根本。青少年法治教育基地在培养青少年法治意识、塑造价值观、预防违法犯罪方面具有重要作用，为未成年人普法宣传教育工作提供强有力的阵地支撑，既能通过以案释法对行为偏差未成年人及涉罪未成年人进行警示教育，帮助罪错未成年人认识自身错误，又能通过图文展示、多媒体展示、沉浸式参观体验等，引导青少年养成自觉守法、遇事找法、解决问题靠法的思维习惯和行为方式。如C区检察院将未成年人罪错行为依法惩治、预防犯罪和社会治理有机结合，积极推进青少年法治教育基地建设，与华东政法大学青少年司法研究院合作共建“检校加油站”，依托S市未成年人检察工作展示馆以及心理疏导室、监督预防室、听证宣告室等未成年人专门办案工作区域，为青少年群体提供司法一线教学实训和职业体验，成功获选首批S市青少年创新实验室。

因此，要坚持“最有利于未成年人”原则与“司法为民”理念有机融合，强化青少年法治教育基地建设，为青少年提供学习和实践法治的综合平台，为保障及恢复罪错未成年人的社会化发展进程提供路径保障，推动形成青少年进步有法相伴、青少年成长与法同行的法治环境。

四、结语

未成年人的健康成长事关国家的未来和民族的希望，预防与矫治未成年人犯罪更是一项功在当代、利在千秋的重要工作。罪错行为分级干预矫治应聚焦未成年人犯罪预防共性问题，在深化认识未成年人罪错行为发展规律的基础上，坚持“惩治不是目的，预防才是根本”的原则，充分发挥不良行为或严重不良行为矫治的防线作用，通过跨前一步、前置防线、主动治理，推动未成年人犯罪治理工作从“以打击犯罪为主”向“以防治犯罪为先”转变，根据未成年人犯罪行为的发生发展规律，综合考虑年龄、行为性质、主观恶性、严重程度、身心发育状况、日常表现、家庭监护情况等，灵活运用家庭教育指导、赔礼道歉、司法训诫、接受专门教育等多种方式，最大限度促进涉罪未成年人改过自新、回归社会，从根源上对未成年人犯罪实现“标本兼治”。从“防范涉未发案”向“防控涉未风险”延伸，审视家庭、学校、社会等多方面因素，构建家庭、学校、社会、网络、政府、司法各方联动的未成年人犯罪预防体系，确保各类涉未犯罪风险点、风险源的就地排查、就地感知、就地化解，将依法惩治、预防犯罪和社会治理有机结合，实现分级预防和有效干预，做实未成年人罪错行为源头治理和系统治理。通过罪错行为分级干预矫治“整体性”，夯实基层社会犯罪治理与预防“奠基石”，推动罪错未成年人分级干预机制可持续发展。

分级干预体系下专门矫治教育制度研究

赵雅鑫　薛凌楠*

在我国目前的分级干预矫治体系中，专门矫治教育扮演着关键角色，肩负着教育和刑罚之间的衔接重任。从制度层面看，从《关于进一步深化预防青少年违法犯罪工作的意见》到《关于加强专门学校建设和专门教育工作的意见》，再到《预防未成年人犯罪法》和《刑法修正案（十一）》，专门矫治教育在立法上已有了基本的制度规范。但具体施行时，依然存在性质界定不清、评估标准未建立、程序分流规定缺失以及权利救济途径缺乏等突出问题。对于未达刑事责任年龄的加害者，仍面临着“一放了之”的困境。因此，完善专门矫治教育制度具有紧迫性。

一、分级干预体系下的专门矫治教育现状

（一）分级干预体系的构建与探索

1. 未成年人罪错行为分级干预体系的法制基础

2020年，我国《预防未成年人犯罪法》经过重新修订，明确提出了对未成年人不良行为和严重不良行为的分级干预。这一修订为构建我国分级干预体系奠定了坚实的法制基础。新法依据未成年人罪错行为的轻重程度，将其划分为不良行为、严重不良行为和犯罪

* 赵雅鑫，河南省焦作市人民检察院第七检察部四级检察官助理；薛凌楠，河南省焦作市山阳区人民检察院第三检察部五级检察官助理。

行为三个层级，并针对不同层级设定了相应的干预措施（详见图 1）。这一划分不但体现了对未成年人罪错行为处理的精细化和差异化，而且明确了家庭、学校、政府及司法机关等多元主体在分级干预体系中的职责与分工。通过这部法律的实施，我国分级干预体系的基本框架得以确立，为有效预防和矫治未成年人罪错行为提供了有力的制度保障。

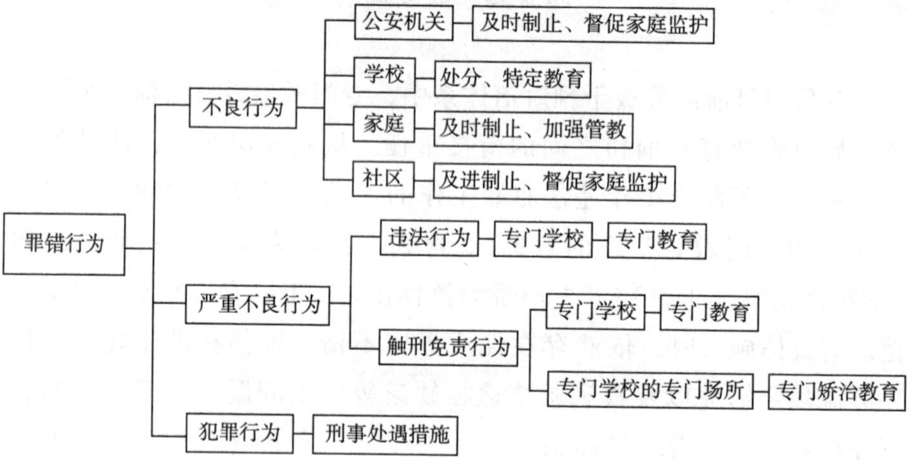

图 1　分级干预体系基本框架

此外，各项法律中关于罪错未成年人的特殊制度规定，如《刑法》中对刑事责任年龄的规定以及《刑事诉讼法》中关于附条件不起诉、犯罪记录封存等未成年人诉讼制度的规定，共同构成了分级干预体系的重要制度组成部分。[①] 这些特殊制度规定不仅体现了对未成年人罪错行为的特殊关注和保护，也为分级干预的实施提供了明确的法律依据和操作指导。

2. 检察机关牵头推动分级干预体系的实践探索

在我国，分级干预体系的构建与实践主要由检察机关牵头推动，

---

① 罗海敏：《推动健全罪错未成年人分级干预体系》，载《检察日报》2023 年 6 月 29 日，第 7 版。

并得到了多方主体的积极参与和配合。自2012年《刑事诉讼法》正式引入附条件不起诉制度以来，检察机关在未成年人司法保护中发挥了重要作用，检察机关充分利用这一制度优势，积极协调社会各方面力量，共同开展对罪错未成年人的帮教救助工作。以上海市浦东新区检察院为例，早在2013年，该院便创新性地提出了“三级干预、四重保护、五星联动”的分级干预机制。这一机制以检察院为核心，联合公安、教育、政府及社会平台等多方主体，共同构建了一个多层次的未成年人保护网络。在这一机制下，针对不同层级的罪错行为，检察机关能够联合各相关部门采取针对性的帮教措施，确保教育矫治工作的精准性和有效性。此外，随着我国未成年人司法保护工作的不断深入，分级干预体系在实践中也得到了不断完善和发展。越来越多的地区开始探索适合本地实际的分级干预模式，并积累了一定的实践经验。这些实践探索不仅丰富了我国未成年人司法保护的理论体系，也为未来分级干预体系的进一步完善提供了有益的参考和借鉴。

（二）专门矫治教育在分级干预体系中的定位

1. 性质界定：“保护处分说”之提倡

关于专门矫治教育的性质界定，是我国完善未成年人矫治制度和分级干预体系的重要一环。目前存在的不同观点，如“保安处分说”“保护处分说”和“司法教育保护说”均从不同角度对专门矫治教育的性质进行了阐述。“保护处分说”强调的是国家对罪错未成年人的保护和矫正责任，基于“国家亲权”观念，将罪错未成年人视为家庭教育和不良社会环境的受害者，并主张国家应采取措施帮助他们纠正行为。这种观点体现了对未成年人的特殊关怀和保护。“保安处分说”则更侧重于社会防卫的目的，认为专门矫治教育是对罪错未成年人采取的预防其再次犯罪的处分措施。这种观点强调了对社会安全的维护和对未成年人犯罪的预防。而“司法教育保护说”则主张通过政府行为将罪错未成年人与不良环境相隔离，以达到保护和教育的目的。这种观点结合了司法和教育两个方面的考虑。

从我国现有的法律规定来看，专门矫治教育是针对构成犯罪但未达刑事责任年龄的未成年人采取的处分措施，且不属于“刑罚”范畴。[①] 同时，我国《预防未成年人犯罪法》将专门教育定性为保护处分措施，专门矫治教育与其同属分级干预体系中的核心制度，因此在性质上更接近于保护处分。

此外，从域外立法来看，大多数国家都将少年处遇定性为保护处分性质的措施。例如，日本和韩国的少年法都明确规定了保护处分的对象为犯罪少年、触法少年、虞犯少年三类主体。[②] 我国专门矫治教育的适用对象与这些国家的保护处分对象相似，都是针对罪错未成年人。[③] 因此，专门矫治教育具有保护处分的性质是合理的。

2. 功能定位：教育和保护之结合

收容教养制度在过去曾发挥过一定的作用，但其功能定位偏重“惩戒”而忽视了“教养”，导致其在实践中逐渐失去了应有的效果。这一制度的没落主要原因在于其未能有效地结合教育与保护，未能真正实现对罪错未成年人的有效矫治。对于收容教养制度的反思，使我们认识到在构建新的矫治制度时，必须注重教育与保护的平衡，确保矫治措施既能够达到预期的惩戒效果，又能够真正帮助罪错未成年人重新回归社会。

最高人民检察院在《2018—2022 年检察改革工作规划》中提出的“探索建立罪错未成年人临界预防、家庭教育、分级处遇和保护

---

① 《专门教育和专门矫治教育如何区别适用》，载 https://mp.weixin.qq.com/s/_i709qLBYcPpxzOysHhjKw，最后访问日期：2024 年 2 月 15 日。

② 日本《少年法》第 3 条规定：“下列少年，将其付与家庭法院的裁判：1. 犯罪少年；2. 未满 14 周岁，但是触犯刑罚法令的少年。”韩国《少年法》第 4 条规定：“以下少年案件由少年法院作为保护案件进行审理：1. 犯罪的少年；2. 已满十周岁未满十四周岁，触犯法令和刑事处罚附属条例的少年。”

③ 王剑：《论专门矫治教育的性质》，载《山西青年职业学院学报》2023 年第 1 期。

处分制度”,[①] 为专门矫治教育的构建指明了方向。专门矫治教育立足于教育和保护未成年人，与保护处分相契合，体现了“教育为主，惩罚为辅”的未成年人刑事政策理念。专门矫治教育不仅是对罪错未成年人的一种处遇措施，更是一种教育和保护的机制。其功能定位在于通过教育矫治，帮助罪错未成年人认识到自己的错误，改正行为，重新融入社会。同时，专门矫治教育也强调对未成年人的保护，避免其受到过度的惩罚和歧视，确保其合法权益得到保障。

专门矫治教育作为分级干预体系中的核心措施，应当追求教育矫治效果的最大化。[②] 在实施专门矫治教育时，既要注重教育的深度和广度，确保罪错未成年人能够真正受到教育和感化；又要注重矫治的针对性和实效性，根据每个未成年人的具体情况制定个性化的矫治方案，确保其能够得到有效帮助。同时，还应关注矫治后的跟踪和评估工作，确保罪错未成年人能够真正回归社会，实现矫治效果的持久化。

二、基于分级干预体系的专门矫治教育实施困境

（一）制度漏洞：法律规定模糊存疑

在未成年人罪错行为矫治领域，罪错行为的分级分类不清晰、等级跨度大成为制约专门矫治教育有效实施的关键因素。目前对罪错行为的划分标准分歧较大，主要有“三分说”“四分说”“五分说”三种划分类型（详见表1）。《预防未成年人犯罪法》对严重不良行为的界定涵盖了治安违法行为与触刑免责行为等多个层次，这种宽泛的界定使得针对不同罪错程度的未成年人难以实施精准化的矫治措施。根据《预防未成年人犯罪法》第45条的规定，对于实施了触

① 《最高检下发五年检察改革规划确定6个方面46项改革任务，健全完善六大体系推动检察职能全面充分履行》，载 https：//www. spp. gov. cn/xwfbh/wsfbt/201902/t20190212_407707. shtml#1，最后访问日期：2024年2月15日。

② 王剑：《论专门矫治教育的性质》，载《山西青年职业学院学报》2023年第1期。

刑免责行为的未成年人，在经过专门教育指导委员会的评估同意后，教育行政部门会同公安机关可以决定对其进行专门矫治教育。然而，对于未经评估的触刑免责行为，往往与其他治安违法行为一同被视为严重不良行为，从而适用相似的干预措施。这种分级不清晰的现象不仅扰乱了分级干预体系的秩序，更使得专门矫治教育的适用对象标准变得模糊，影响了矫治教育的针对性和实效性。

表 1　罪错行为的划分

“三分说”	不良行为	行政违法行为		触犯刑法行为	
“四分说”	一般不良行为		违警行为	触刑行为	犯罪行为
“五分说”	不良行为	触警行为	违警行为	触刑行为	犯罪行为

从法律层面来看，《刑法修正案（十一）》虽对触刑免责的未成年人提出了专门矫治教育的要求，但相关法律规定在执行过程中仍存在诸多疑问。根据《预防未成年人犯罪法》第 45 条第 1 款的规定，专门矫治教育的适用需要经过专门教育指导委员会的评估同意，并由教育行政部门会同公安机关共同决定。然而，在此过程中，公安机关既作为评估主体，又扮演决定主体的角色，这种权限的集中可能导致决策过程中的主观性和偏差。再者，专门教育指导委员会的评估工作在实际操作中也存在诸多不明之处。评估标准、职责划分以及评估程序等方面的缺失使得评估工作的公正性和有效性受到质疑。职责划分的不明确可能导致专门教育指导委员会成员在评估过程中相互推诿，而评估标准和程序的缺失则使得评估结果缺乏科学依据和说服力。这不仅影响了评估工作的质量，也增加了对专门矫治教育决策的监督难度。

（二）运行缺陷：内部分流与外部衔接欠缺

1. 专门学校内部欠缺处遇措施分流机制

尽管《预防未成年人犯罪法》第 45 条规定了专门学校内部应设

置专门场所，用于未成年人的专门矫治教育，然而由于缺乏有效的分流机制，专门教育与专门矫治教育在实践中往往采用相同的教育矫治手段，这与分级干预的理念相悖。在专门教育和专门矫治教育的性质经常被混同使用的情况下，缺乏清晰的分流机制导致专门学校承载了过多的功能，如共同教育、义务教育、职业教育等。对专门学校寄予过高的期望，必然引发制度性质、适用对象、决定程序、矫治手段等方面的混乱。实施触法行为和触刑免责行为的未成年人若适用相同的干预措施，将难以开展有针对性的矫治教育，这种缺乏针对性的教育理念阻碍了分级干预体系的落实。

欠缺分流衔接机制的根本原因，在于专门教育和专门矫治教育的界限模糊不清，立法术语相近且未能体现其本质特征。① 当前，学术界与实务界对于专门教育和专门矫治教育的区分尚未形成共识，这在一定程度上影响了两者在适用对象、决定机制、矫治手段等方面的区分。作为专门学校的专门处遇措施，专门教育和专门矫治教育应当在多个维度进行明确区分，唯有廓清其根本性质和体系定位，才能有效解决专门矫治教育措施与其他干预措施分流不顺、衔接不畅的问题。

2. 分级体系层面缺乏刑行处遇衔接机制

分级干预不仅依赖于多样化的干预矫治措施，更依赖于整个矫治体系的协同运作。除了教育矫治手段之间的衔接配合问题，刑行处遇措施的外部配合不顺畅同样是专门矫治教育制度适用的重大困境。构建刑行处遇衔接机制具有现实的必要性，单一措施的孤立适用往往无法有效实现未成年人的教育挽救。此外，未成年人的悔过态度和社会危险性是一个动态变化的过程，孤立地运用专门教育、专门矫治教育或核准追诉等措施，可能陷入“一罚了之”或“一放了之”的双重困境。因此，建立动态的分流衔接机制，根据未成年人矫治

① 陈小彪、柳佳炜：《论未成年人专门矫治教育的刑行衔接——基于罪错未成年人教育矫治之体系性建构》，载《中国青年社会科学》2023 年第 1 期。

教育的实际需求采取针对性的处遇措施，是最大化教育矫治效果的关键所在。

（三）权责不清：实质主导部门定位不明

根据《预防未成年人犯罪法》与《未成年人保护法》的相关规定，未成年人的矫治教育工作中，检察机关与公安机关各自承担着明确的职责分工。公安机关的主要职责涵盖制止未成年人的严重不良行为、采取相应的矫治教育措施，以及决定送入专门学校等核心任务。[①] 而检察机关则主要聚焦于依法监督这一特色职能，确保矫治教育工作的规范进行。此外，公安机关与检察机关在犯罪预防这一领域共同承担着责任。同时，矫治教育工作的实施还需专门教育指导委员会以及教育行政部门等部门的协调配合，形成多部门联动的工作机制。

然而，当前专门矫治教育的决定工作规定由公安机关和教育行政部门共同承担。但公安机关在组建专门少年警务队伍时面临着警力不足等现实困境，这在一定程度上影响了矫治教育工作的深入开展。与检察机关设立专门的未成年人检察部门形成鲜明对比的是，公安机关尚未建立起专业化的少年警察机构。这一现状在一定程度上制约了公安机关在矫治教育工作中的效能发挥。同时，当教育行政部门和公安机关作出决定后，若监护人不同意未成年人接受专门矫治教育，该决定的执行力便成为一个问题，公安机关无法在矫治教育工作中充分发挥其应有功能。

相较之下，检察机关在实践中展现出开展罪错未成年人专门矫治教育工作的明显优势。其职能由传统的“捕诉监防”向“捕诉监防教”转变，使得检察机关在未成年人帮教工作中表现出更强的主动性，逐渐成为专门矫治教育的实质主导部门。这一转变不仅拓宽了

① 钱洪良、张缓缓：《我国专门矫治教育中的权力行使与权利保护之维》，载《青少年犯罪问题》2022 年第 5 期。

检察机关的工作范畴，也提升了其在矫治教育工作中的影响力和执行力。但是法律未明确检察机关在矫治教育工作中的具体地位，更未充分发挥检察机关的监督职能，导致缺乏对专门矫治教育决定权的有效监督和权利救济渠道。

三、专门矫治教育制度的完善路径

（一）细化专门矫治教育的制度规定

1. 明确分级分类原则

《预防未成年人犯罪法》将专门教育和专门矫治教育的执行场所统一于专门学校，但在实际操作中，对不良行为和严重不良行为的界定不够清晰，导致专门教育和专门矫治教育的适用对象存在混淆。为避免专门学校目标定位不清晰、功能定位混乱，应当坚持分级分类原则，确保专门学校在分级分类原则指引下办学，进一步优化其管理模式。在分级分类原则下，应明确区分专门矫治教育的适用程序、决定主体以及矫治措施，确保每一环节都能精准对接未成年人的不同需求，实现教育的最大效果。

2. 严格适用标准

根据《预防未成年人犯罪法》的相关规定，专门矫治教育的适用对象为触刑免责行为，且无须经过监护人同意，经专门教育指导委员会评估与教育行政部门和公安机关决定即可实施。相较于专门教育，专门矫治教育在限制人身自由方面更为严格，因此其适用对象应更为明确和严格。应当以未成年人的行为恶劣程度、人身危险性和社会危害性作为实质性判断标准，对严重不良行为进行精细化划分，确保专门矫治教育的适用对象的判断标准更明确。

3. 完善专门矫治教育的程序

专门矫治教育作为对公民人身自由进行限制的处遇措施，其程序的公正性、专业性和正当性至关重要。当前《预防未成年人犯罪法》

规定，专门教育指导委员会行使评估权，教育行政部门和公安机关行使决定权，确立了专门矫治教育制度启动—执行—转出基本流程，后续应当细化专门矫治教育的程序规定。2022 年 4 月 19 日，海南省出台了《关于加强专门学校建设和专门教育工作的实施意见》，规范了专门学校的入学、转出程序和管理制度，[①] 为其他地区提供了有益借鉴。此外，为保证专门矫治教育的中立性和公正性，应完善救济程序，确保不同主体间能够相互配合、相互制约。检察机关作为法律监督机关，应被赋予对专门矫治教育的全流程监督权，以确保其依法、规范运行。

（二）建立专门矫治教育的双向衔接机制

专门矫治教育旨在防止触刑免责行为导致的潜在社会风险，其在执行过程中的有效衔接对于确保其矫治效果的实现具有至关重要的意义，应当考虑其在整个分级干预体系中的顺畅运行。因此，建立专门教育与专门矫治教育间的内部衔接，以及与现有处遇制度之间的外部衔接机制显得尤为关键。[②]

首先，加强专门矫治教育措施执行主体之间的协调与配合是构建完善分级干预体系的基石。关于执行主体的衔接问题，应当将专门矫治教育置于分级干预体系的整体框架中，重视其与专门教育以及其他干预措施之间的顺畅流转与有效衔接。为此，需要转变传统的责任主体决定模式，根据专门矫治教育的实际需求和目标，构建主体间的衔接配合机制。具体而言，应通过科学的评估报告来确定行政决定主体或司法决定主体的选择，并根据矫治效果、工作阶段以及未成年人的个体特征动态调整责任主体。唯有确保多方主体间的

---

① 《海南省教育厅等十部门印发〈关于加强专门学校建设和专门教育工作的实施意见〉的通知》，载 https：//hss. eol. cn/zhengce/352994. html，最后访问日期：2024 年 2 月 20 日。

② 陈小彪、柳佳炜：《论未成年人专门矫治教育的刑行衔接——基于罪错未成年人教育矫治之体系性建构》，载《中国青年社会科学》2023 年第 1 期。

紧密配合与有序衔接，才能有效贯彻未成年人教育挽救的方针，保障对罪错未成年人的教育挽救效果。

其次，需要以未成年人矫治教育效果的最大化为目标，执行双向流转的有效衔接。目前，《预防未成年人犯罪法》虽然规定了专门教育向专门矫治教育的流转情形，但完整的分级干预体系应包含动态的双向流转机制。因此，应在专门教育、专门矫治教育等处遇措施之间构建双向转换渠道，使分级干预体系具备持续性跟踪和阶段性变动的功能。对未成年人在专门矫治教育过程中的悔过态度、社会危险性等进行及时评估，① 并根据评估结果适时调整矫治教育手段。对于教育感化效果较好的未成年人，应允许其向专门教育流转；而当教育矫治手段不足以挽救未成年人时，则应及时恢复刑罚措施，以避免因“案结事了”而陷入“无效矫治”的困境。②

（三）引入司法权的参与和监督

专门矫治教育是针对构成犯罪但未达到刑事责任年龄的未成年人所实施的一种特殊教育措施。根据我国《刑法》第 17 条以及《预防未成年人犯罪法》的相关规定，专门矫治教育并不属于刑罚范畴，而是一种保护处分措施。然而，需要注意的是，专门矫治教育具有剥夺或限制人身自由的性质，因此其执行过程应受到司法权的参与和监督。在分级干预体系中，专门教育与专门矫治教育作为两种重要的干预手段，均被视作保护处分措施。这意味着我们需要将专门教育与专门矫治教育在性质上进行区分，前者更多地体现为行政保护措施，而后者则应纳入司法保护措施的范畴。

目前，专门教育与专门矫治教育的决定程序均依赖于专门教育指

---

① 如南浔区人民检察院创新人格甄别制度用于罪错未成年人精准帮教，提出基本特质、价值观、外化行为、家庭环境、学校环境、社会支持等六个维度的未成年人再犯风险评估体系。

② 陈小彪、柳佳炜：《论未成年人专门矫治教育的刑行衔接——基于罪错未成年人教育矫治之体系性建构》，载《中国青年社会科学》2023 年第 1 期。

导委员会进行评估。该委员会由政府组织，成员包括行政人员、社会工作者、司法人员等多方代表。然而，这种行政、司法共同决策机制可能导致司法处遇措施的刑行权力行使出现紊乱。专门矫治教育针对的是触刑免责的未成年人，不宜与专门教育决定人员比例完全一致。应当增加司法权在决策过程中的权重，将专门矫治教育的决策过程纳入司法审查范围，确保严格限制在“保障矫治教育效果所必需”的范围内，确保决策的公正性和合法性。赋予检察机关在专门矫治教育中的重要地位，发挥其检察监督的职能，对专门教育指导委员会在专门矫治教育制度启动与变更过程中的监督，以保障未成年人的合法权益得到充分保护。

（四）加强专门学校场所建设

目前，专门学校的建设不均衡，部分地市仍存在空白。专门学校在执行专门矫治教育任务时，面临着场地设施不完善、师资力量不足等问题。因此，加强专门学校建设势在必行。一方面，应加大对专门学校基础设施建设的投入，提升其硬件水平，确保能够满足专门矫治教育的需求；另一方面，应加强对专门学校师资队伍的培养和引进，提升其专业素养和教育教学能力，确保能够为学生提供高质量的教育矫治服务。对于专门学校建设仍旧空白的地市，可以考虑与中职类学校合作，利用现有的场地划拨专门教室开展专门矫治教育。①

同时，专门学校在执行专门矫治教育任务时，还应注重与家庭、社区等社会力量的合作与联动。通过与家长、社区等建立有效的沟通机制，共同关注未成年人的成长和发展，形成教育合力，提升教育矫治效果。此外，专门学校还应积极探索和创新教育模式和方法，

---

① 如焦作市山阳区人民检察院在当地缺乏专门学校的背景下，协调公安、司法、民政、国防教育等部门，依托中职类学校，建立专门教育基地，通过向未成年人家长制发督促监护令，责令其督促未成年人定期到专门教育基地接受道德、法治、心理健康教育等课程。

根据未成年人的不同特点和需求，制定个性化的教育方案，提供多样化的教育服务，以更好地促进未成年人的健康成长和全面发展。

四、结语

分级干预体系下专门矫治教育的研究，对罪错未成年人的矫治与未来发展具有重要意义。专门矫治教育作为分级干预体系的核心制度之一，其完善与否直接关系到教育与刑罚的顺畅配合，以及罪错未成年人矫治效果的实现。当前，尽管我国已初步构建了分级干预体系，并明确了专门矫治教育的定位，但在实际操作中仍面临诸多挑战。未来，我们需要在立法和实践层面双重发力，一方面，通过立法明确专门矫治教育评估标准、程序分流及权利救济途径等关键要素，为其实践操作提供明确的法律依据和指导；另一方面，加强专门学校的建设和运行规范，确保其能够按照分级干预体系的要求，为罪错未成年人提供有针对性的矫治教育服务。同时，还需要促进家庭、学校、社会、司法机关、政府等多方主体的密切配合，形成合力，贯彻分级分类原则，共同推动专门矫治教育制度的完善和发展。

浅谈涉罪未成年人分级干预制度构建

李弘博　张安予　梁国武*

随着未成年人犯罪呈现低龄化趋势，未成年人涉罪行为的规制成为日益严峻的社会问题。根据我国目前相关法律规定，如治安管理处罚法、刑法、未成年人保护法、预防未成年人犯罪法等法律，这些未成年人尽管行为恶劣，但也可以得到法律上的“宽宥”，因为法律设定的14周岁最低刑事责任年龄限制使其免于受到刑事责任追究。不仅如此，在既有立法之下，这些免于法律制裁的涉罪未成年人，断档刑事处罚措施之后相关非刑罚干预措施不到位，使得其很难得到真正的教育感化，现实中“一放了之”的现象时有发生。因此，如何杜绝“一放了之”现象，依法惩戒和矫治涉罪未成年人，及时根据其行为严重程度进行有针对性的干预成为一个紧迫的问题。最高人民检察院2019年初发布的《2018—2022年检察改革工作规划》中尽管已经提出“探索建立涉罪未成年人临界预防、家庭教育、分级处遇和保护处分”等措施，但仍处于探索阶段。基于此，本文尝试分析涉罪未成年人分级干预体系，试图提出系统化的建议，为将来相关法律修订提供参考。

---

* 李弘博，河南省南阳市镇平县人民检察院党组副书记、副检察长；张安予，北京科技大学文法学院法学硕士研究生；梁国武，河南省南阳市镇平县人民检察院综合业务部党支部书记、法律政策研究室主任。

一、涉罪未成年人特征、分级依据和标准

（一）涉罪未成年人特征

“涉罪未成年人”一般是指刑事案件中的未成年犯罪嫌疑人、被告人以及刑罚执行中的未成年人。

1. 涉罪未成年人低龄化

从行为人年龄结构看，涉罪未成年人呈低龄化趋势。因为互联网和物质条件等带来的影响，未成年人的发育年龄显著提前，使得涉罪未成年人呈低龄化趋势，在校未成年人占很大比重。[①]

2. 涉罪未成年人犯罪对象偏向熟人

未成年人实施的犯罪行为中，针对熟人实施侵害行为较为普遍，甚至存在一些所谓的弑亲事件。有学者对2015—2019年新闻报道的涉嫌未成年人故意杀人罪错事件进行统计分析，发现针对熟人实施的侵害行为比例达到85.7%。[②]

3. 涉罪未成年人行为危害程度高

从行为危害程度看，涉罪未成年人实施的行为危害程度较高。这种危害程度，体现在涉罪未成年人所造成的实害结果及影响，也体现在其行为类型、组织结构、再犯率等方面。[③]从具体实施的行为方面看，盗窃罪、抢劫罪、强奸罪等关涉财产、暴力犯罪和妨碍社会秩序罪为其主要行为。[④]从组织结构看，同类聚集、分工明确、频率加快等团伙化作案的组织特点明显；从再犯率看，该类群体的再犯

---

① 参见邢婷：《未成年人犯罪低龄化暴力型趋势明显》，载《中国青年报》2016年5月13日，第1版。

② 具体统计参见张垚、严露婕：《未成年人犯罪行为的处遇困境及应对出路》，载《四川警察学院学报》2019年第4期。

③ 参见张垚、严露婕：《未成年人犯罪行为的处遇困境及应对出路》，载《四川警察学院学报》2019年第4期。

④ 参见邢婷：《未成年人犯罪低龄化暴力型趋势明显》，载《中国青年报》2016年5月13日，第1版。

率持续处于高位，再犯时间较短，前后行为重复性高、犯罪行为实施频次高等三个再犯特点。①

4. 涉罪未成年人罪行中掺杂着不良行为

从不良行为渗透率来看，未成年人的罪行当中渗透着《预防未成年人犯罪法》所列举的不良行为。这些不良行为的大量渗透，一方面昭示着未成年人罪行的复杂性，另一方面其长期存在也促使着不良行为向犯罪行为转化，不少未成年人为了维持高消费、毒瘾、烟瘾、非正常社交经营等不良嗜好而实施犯罪行为，涉罪未成年人也通过这些不良行为基于影响性习得或传授性习得而获得作案手段。

（二）分级依据

未成年人的年龄层次较低，我们不能同等地期待他们具有成年人一样分析处理问题得当的能力。他们很多人不懂得法律，不了解什么是犯罪、什么是刑罚。其犯罪动机也十分简单，大多数是出于愚弄被害人的心理，主观恶性并不大，其重新认识犯罪行为和自我价值评价的再塑性强，因此不能因为未成年人的一次“犯罪行为”就对其适用与成年人无差异的严重刑罚进行惩罚。对涉罪未成年人的相关行为进行更为细致的划分，不仅是为了区分未成年人的行为是简单的错误行为还是违反刑法的犯罪行为，更是为了精细处理未成年人犯罪行为，让教育功能和惩治功能形成干预合力，促进涉罪未成年人再社会化。

1. 生物学依据

在生物学意义上，未成年人当然是特殊群体，首先他们是国家和民族未来的希望，是更需要保护的下一代；其次作为危害行为的主体，涉罪未成年人又理应受到相应的惩戒。由于教育水平和生活质量的提升，未成年人的身心发展都获得了实质性的飞跃，在现阶段，未成年人生理和心理早熟已经成为常态化的现象。虽然社会的飞速

① 参见张垚、严露婕：《未成年人犯罪行为的处遇困境及应对出路》，载《四川警察学院学报》2019 年第 4 期。

进步给未成年人身心发展提供了良好的物质条件，但是现在的未成年人也面临着诸多困扰，如求学、生理、心理、就业、情感等各个方面的压力，这些都是其犯下罪行的诱因，应当从小加以指导，让其受到法律的熏陶，培养其在法律允许的范围内活动的规则意识。[①]

因为未成年人身心不成熟，对待外部环境和事务直接而又容易冲动，模仿能力强，容易不加区分地学习成年人的不良行为，从而引发其不良、违法乃至犯罪的行为。其主观恶性较成年人来说相对较小，不能清楚认识其行为可能带来的严重后果。如果不加引导而直接打上“罪犯”的标签，不仅不会缓解社会关系的紧张，反而可能加剧未成年人的叛逆。若是涉罪未成年人能够认识到自身行为的错误之处及其严重性，那么对其施用一般的刑罚惩罚就显得相对较重。

2. 理论依据

（1）差异交往理论

差异交往理论[②]是指如果一个正常人交往的对象是行为不规范的人，那么受此影响，这个人的行为也不会自我规范，从而变成一个行为偏差的人。萨瑟兰首次提出该理论也表示其中所包含的模仿学习机制也将涉及社会中的各类行为，当然也包括犯罪行为。根据该理论，行为偏差是在交往行为之后，也就是说，这是一个有时间跨度的学习过程，而并非等同于教唆犯里面的教唆含义，教唆是直接的指令性行为，而并非一种学习过程。因此，行为偏差是有修正的可能性的，而且干预措施能起到十分关键的作用。犯罪行为是可以被模仿学习的，学习的过程是可以被外界干预（奖励和惩治）的，以此达到强化或者削弱学习效果。在被测试的对象中，外界干预措施能达到很好的干预成效，如果越轨行为得到普遍的肯定和奖励，

① 张竞模、钱晓峰：《未成年人定罪量刑特殊性研究》，载《青少年犯罪问题》2006 年第 6 期。

② Sutherland E H. Principles of criminology, //Principles of criminology/. J. B. Lippincott, 1939.

那么将加强被测试对象对越轨行为的偏向性，其更倾向于再次实施越轨行为；反之，如果越轨行为被普遍否定，那么将削弱其对越轨行为的偏向性，从而规范自我行为。

（2）标签理论

标签理论是以莱默特（Lement）和贝克尔（Becker）的理论为基础发展而来的社会理论，其是指在社会群体中会有一部分人因为其越轨行为而被贴上标签，以方便被其他社会成员认知，这个标签会一直伴随行为人而不会因为行为人改过自新而自然消除，而且更为重要的是，具有越轨生涯的社会成员一定有被贴标签的前置条件。标签理论的原理最早可以追溯到 20 世纪 40 年代，那时有学者提出“邪恶戏剧化”概念，该概念的核心是犯罪者是被其他社会成员用贴标签、下定义而人为制造出来的，在这个制造过程中，社会成员和该行为人的互动活动将会出现根本性的变化，该行为人将被从群体中界定出来，被群体其他社会成员所排斥。莱默特在其理论中指出，标签化的行为人在被制造的过程中会有四种不同的结果，其中最坏的结果是行为人对自己的原生越轨行为进行自我认同，从而走向越轨生涯，即加强行为人越轨行为的倾向性。[①] 在这个过程中，行为人不但不能得到有效的矫正，反而对自己的标签产生认同，并利用越轨行为作为手段来攻击或者防卫群体中其他排斥行为人的社会成员。贝克尔将越轨行为人的犯罪生涯分为三个阶段：第一阶段初次越轨，指行为人有记录的初次越轨行为；第二阶段被贴上犯罪标签，在这一阶段行为人将会具有不同于其他社会成员的“有色”标签，这将会在成员社交互动中逐渐居于首要地位，其他成员将选择性地忽略行为人的其他社会身份，而仅仅关注行为人被贴标签的身份，标签身份将长期左右群体其他成员对行为人的看法；第三阶段聚集效应，指行为人长期遭受其他社会成员的排斥孤立，进而选择与同样具备

① Lemert E. Social Pathology：A Systematic Approach to the Theory of Sociopathic Behavior. New York：McGraw – Hill，1951，p. 76.

标签的人互动聚集，发展成越轨群体，并不断地对标签产生自我认同，获得群体其他成员的认同，进一步强化越轨行为。① 因此，在分级干预体系中要综合评估涉罪未成年人的犯罪行为，在干预过程中应避免让涉罪未成年人贴上“罪犯”的标签，而应把重心放在如何让涉罪未成年人重新回归并融入社会，对此，应整合发展现有的干预措施，让干预措施更具有人性化，减少涉罪未成年人被贴标签的可能。

3. 法律依据

刑事诉讼法及相关司法解释对未成年人犯罪有特殊规定，如未成年人附条件不起诉，明确规定涉罪未成年人所涉及的罪名是刑法分则第四、五、六章的罪名，且被判处不超过一年以下有期徒刑的刑罚时，检察机关可以依照程序对涉罪未成年人作出附条件不起诉。可见，我国刑事诉讼法对轻微犯罪的未成年人和严重犯罪的未成年人也有层级干预的价值取向。此外，治安管理处罚法在对违反治安管理的未成年人进行处罚时，特别规定了两类未成年人可以在给予行政拘留处罚决定时不予实际执行，这也体现了对涉罪未成年人分级干预的理念和精神。

以上三类依据共同架构起了涉罪未成年人分级干预体系的基础，为分级干预提供不同角度的阐述基础。首先，生物学依据从生物发展的角度为分级干预体系提供理论基础，为分级干预的建立提供强有力的理论支撑；其次，理论依据从诸如差异交往理论、标签理论等各个理论依据中为分级干预体系的划分提供理论论证；最后，通过法律依据来为分级干预体系提供制度层面的保障。

（三）分级标准

在现有理论的基础上结合实践需要可以对涉罪未成年人以不同标

① Becker H. Outsiders: Studies in the Sociology of Deviance. New York: Free Press, 1963, pp. 2 -58.

准进行分级。

一是适用对象分级。适用对象问题解决的是主体问题，但应以 14 周岁为界限对未成年人进行划分。对于未满 14 周岁的未成年人，其心智尚未成熟，还处于发育的关键期，生活不能自理且对家庭依附性强，原则上不能让其脱离家庭，让未成年人在家庭中接受干预矫正，这不仅解决了未满 14 周岁未成年人的恐慌，更有利于未成年人的改造。已满 14 周岁的未成年人，无论是身体还是心理发育都较为成熟，具有一定的认识和控制自己行为的能力，应建立系统的评估制度对其越轨行为进行评估，在综合评估结果和主观恶性程度基础上，最终决定是否送入专门学校。

二是干预措施的分级。基本分为三类：福利类、矫治类、刑罚类。第一类应着重体现对未成年人的帮扶作用，优先选择家庭或者学校对未成年人进行帮扶教育，并由政府提供心理辅导，帮助未成年人及早更正。第二类应着重教育矫治，对行为偏差严重的未成年人，根据评估等级和社会危害性选择训诫、转入专门学校等方式进行矫治，干预措施更加严厉。第三类应主要针对触犯刑法且达到刑事责任年龄的未成年人，对未成年人的处罚已经由刑法做了相关规定，可以直接依照相关法条对涉罪未成年人进行干预，同时应当体现未成年人案件的干预原则，对未成年人应该从轻或减轻处罚。

二、我国涉罪未成年人干预机制中存在的问题

（一）干预性机制缺乏体系性和针对性

当前立法中，我国关于涉罪未成年人的干预制度散见于各种法律之中，条文分散，不能形成制度合力。在这些规定中，只有《预防未成年人犯罪法》和《未成年人保护法》的立法对象为未成年人，其他法律并不是以未成年人为主要对象，未成年人这一主体，只是其中的一个部分，这种依附于成年人的立法模式，导致未成年人犯

罪行为干预制度并不具有针对性。在司法实践中，我国虽然正在对涉罪未成年人分级干预机制进行试点，但是由于法律依据的不足，各地很多试点制度还无法在全国范围内推广。此外，我国尚未制定单独的未成年人司法法，未成年人的司法体系还不完善。

（二）干预性措施的执行缺乏可操作性

目前，我国的涉罪未成年人干预制度种类单一，效果不佳。刑罚性的干预措施主要有监禁矫正和社区矫正两种。非刑罚干预措施主要有三种：一是责令监护人严加管教；二是训诫、治安处罚；三是转入专门学校。上述措施种类较为单一，在具体适用上也没有统一规定，操作困难，不能有效发挥作用。在司法实践中，一方面，我国对未成年人适用监禁刑，与成年人基本相同，无法体现未成年人的特殊性，而非监禁刑规定的内容粗糙简单，适用比率低，社区矫治难以发挥作用。另一方面，我国矫正规范未成年人行为的法律体系并不完善，现有规定中的训诫和责令监护人严加管教较容易落实，但不具有人身强制性，对未成年人的惩戒效果甚微。虽然可以采用转入专门学校的方法，但是目前专门学校数量较少，无法覆盖所有需要进行矫治的涉罪未成年人。

三、分级干预体系的合理构建

基于我国当前未成年人犯罪行为的干预实践和域外相关有益经验，应当构建符合我国国情的未成年人犯罪行为分级干预体系。但目前不少学者在讨论未成年人犯罪行为分级干预体系时，仅是对干预行为、干预措施进行分类分级。本文认为，未成年人犯罪行为分级干预体系并非一个固定的静态模式，适用对象、犯罪行为、干预措施的分级虽是体系构建的基础，但是还要考量对象、犯罪行为和干预措施之间的逻辑结构和动态匹配问题。

（一）干预体系的核心分级要素

干预体系要素分级就是对涉罪未成年人干预体系的组成部分分类分级，而其核心组成要素包括适用对象和干预措施。

1. 适用对象分级

（1）涉罪未成年人的分级

关于涉罪未成年人本身的分级，本文认为，应当区分为不满 12 周岁的未成年人和已满 12 周岁的未成年人。对于身心发展尚未健全的未成年人而言，12 周岁属于人生成长过程中的一道门槛，因为未成年人这时尚未进入青春期，对于家庭的依赖性和人身依附性非常强，对其教育管束的最佳环境实际上是家庭，最适宜由涉罪未成年人的父母实施管教，而专业人员只是追踪帮教。如果对未满 12 周岁的未成年人采用过多外力或者限制人身自由的干预措施，其附随给未成年人身心造成的负面干预影响更为深远。以对涉罪未成年人适用治安处罚措施为例，从某种程度上说是没有实际干预价值的，对涉罪未成年人达不到预期效果，反而会产生负面影响。有学者指出，如果对涉罪未成年人采取行政拘留措施，其心理和大脑发育会因为“人生档案”上的案底带来难以消除的改变，无论是涉罪未成年人个人还是社会后续付出的成本都会更高。[①] 已满 12 周岁的未成年人，其自控能力和辨别是非能力已经处于养成和完善的关键期，容易叛逆的青春期开始到来，与 12 周岁以下的未成年人不同。

（2）涉罪未成年人家长的分级

多数情况下干预措施是针对未成年人实施的，也正因此，一般文献中对其家长作为干预对象的讨论较少。但实际上除了实施罪错行为的未成年人之外，在特定场合下罪错未成年人的家长也可能成为干预的对象，有些干预措施是可以针对家长实施的，如针对家长的

---

① 参见李晗：《法学专家：治安处罚对未成年人会产生负面影响》，载中国青年网，https：//www. sohu. com/a/126620165_119038。

家庭教育指导。在这个意义上，家长被采取干预措施，其实是由于未成年人罪错行为而引起的，因此，此时将罪错未成年人的家长纳入干预措施的适用对象也在逻辑之中。

对于罪错未成年人的家长，本文认为可以分为合格家长与不合格家长两个层次。对于合格的家长，可以不采取干预措施，对于不合格的家长，则应当同样采取干预措施，特别是在对罪错未成年人采取的干预方案需要家长配合实施的情况下。关于不合格家长的判断，可以从家庭基本情况、父母基本情况、父母教育方式、父母教育程度、亲子关系等方面，以相应指标进行定量和定性的判断，确定一个合理的中间值，作为合格家长的判断红线，在红线之下的，则考量同时采取干预措施。虽然有学者指出，作为家庭的私人空间比较特殊，这样的判断因素由于涉及家庭成员隐私的法律保护、社会调查伦理道德、被调查人的配合程度等方面的原因，导致作为判断指标前提的调查数据可靠性不足。[①] 本文认为这不能成为排除对不合格家长适用干预措施的理由，可以通过多方资料来源尽量提高其判断可靠性，但不能因为难度大而放弃适用干预措施。

2. 干预措施分级

对于涉罪未成年人的干预措施，可以分为家庭、学校教育—基地观护—刑事处理三类，且呈现阶梯递进的分层结构。

(1) 家庭、学校教育

家庭和学校是对未成年人教育的最主要场所，因此家庭、学校教育是最基础的未成年人罪错干预措施。家庭、学校教育具体措施主要有家长训诫管教、学校警诫教育、行为矫治、学校告诫、家庭教育指导等。家长训诫管教是指具备监护管教能力的父母或其他监护

---

① "……家庭在很大程度上可以定性为私人空间，作为外人往往只能看到表面现象。如果要做到深入、全面地形成有价值的材料，将会遭遇很大的阻力。因为即使从不带任何不良企图的社会调查等科研目的出发，绝大多数家庭也不会做到对调查、采样人员完全透明，这既涉及伦理道德，又涉及法律上的隐私权保护，还涉及诸多意想不到的因素。"参见张德沐、吴高飞：《未成年人罪错行为分级干预体系之构建》，载《中国检察官》2019 年第21 期。

人，在主动发现的情况下，应当及时予以制止和纠正未成年人的不良倾向；在被动发现的情况下，应当配合管教，采取批评教育、说服谈心、心理分析、严加管教等具体方法劝导罪错未成年人，督促被管教的未成年人改正行为。行为矫治是指家长或学校应及时安排可能存在心理问题或者心理障碍的涉罪未成年人到专门机构（包括学校内设的心理咨询机构等）接受行为矫治，通过科学的心理辅导与有针对性的定期帮教服务，借助专业化的心理干预，帮助未成年人解除心理障碍。

（2）基地观护

基地观护措施是新引入的介于家庭、学校的基础性干预和刑事处理措施之间的新型干预措施。基地观护措施比通常的家庭、学校教育的基础性干预的矫治强度要高，但是对涉罪未成年人的人身自由限制程度要低于刑事处理措施。引入基地观护措施的目的主要是为了应对家庭、学校教育的基础性干预效果不理想但是又不适合直接适用刑事处理措施的情况。不同于专门学校，其人身自由程度要更高一些，也因此可以让更多罪错未成年人的家长放心将子女送入观护基地接受矫治。目前不少司法机关和相关社区、企业、学校等已经尝试开展观护基地建设的合作探索。在场地选择上，基地可以选择具备条件且责任感强的社区、学校、企业等；在合作方式上，应当通过协议的方式明确观护基地的职责范围、教育矫治方式及管理流程；在具体矫治措施上，观护基地可以根据自身条件采取法制教育、定期面谈、公益活动、技能培训、假日生活辅导、心理团建、戒瘾治疗等具体方式。需要注意的是，本文建议对观护基地进行分类，将目前用于附条件不起诉涉罪未成年人考察帮教和未成年犯社区矫正的观护基地单独列出，便于与其他普通涉罪未成年人隔离，防止交叉感染。

（3）刑事处理措施

对于未成年人罪错行为干预而言，其中刑事化处理措施的发展完善在很大程度上依赖于高质量的观护基地、专业化社工和多元化社会帮教资源。[①] 刑事化处理主要包括监禁刑和非监禁刑两种处理结果。对未成年人罪错行为采取非监禁刑干预的同时，需要社会化专业帮教的参与，可以责令犯轻罪的未成年人从事公益劳动或者通过社会服务令的方式指定其到某一指定场所完成一定期限且无偿的社会服务劳动。在专业社工帮助下的未成年人经过一段时间的社区服务，对自己之前的罪错行为可以有所体认。如果对未成年人罪错行为采取监禁刑的干预措施，也应当考量矫治效果的问题，而不是一判了之。在监禁期内，应当根据未成年人身心特点来安排矫治活动，主要内容应当包括学习文化知识、接受职业教育和技能培训等。同时，还应当考量行刑社会化的问题，在条件具备的情况下，尽可能将未成年人安置于社区执行刑罚，以提高未成年人复归社会的能力和缩短其与社会的脱节时间。

（二）具体分级干预体系的考量因素

在涉罪未成年人分级干预体系中，需要考量诸多因素来最终决定采取何种具体干预方案，其中最基本的考量因素就是行为人的年龄。此外，干预条件、干预人员素质等也在一定程度上决定着具体干预方案的选择适用。

1. 年龄因素

一般而言，涉罪未成年人实施涉罪行为时年龄越小，其个性化矫治精准处置的要求相对越高，选择干预措施的类型就更为谨慎。每一个干预措施中又包含着诸多不同的具体干预措施和手段，这就需要根据具体个案中涉罪未成年人的情况选择和调整适用不同的具体干预措施。

① 参见侯倩、林晓萌：《试论未成年人罪错行为干预体系的分层构建》，载《青少年犯罪问题》2019 年第 4 期。

2. 其他因素

除了行为人的年龄之外，干预条件、干预人员素质等也在一定程度上决定着具体干预方案的选择适用。不同类型的干预措施都有一定的干预实施条件，如对于学校干预措施，其效果如何在很大程度上取决于教育机构及人员是否具有合格的干预能力，而其是否具备干预能力则要从"学校与家庭、社会之间的联系程度""学校内部的秩序状态""校内师生人际关系"等方面进行判断，而这些判断也需要具体量化为一定程度的具体指标。还有一个不能忽视的因素，就是司法人员的素养，包括专业素养和道德素养。就未成年人涉罪行为分级干预体系而言，司法人员的素养也是重要的考量因素，很多具体干预措施都需要由司法人员决定和选择，如果他们缺失任何一种素养，都会导致未成年人涉罪行为分级干预体系的实际功能大打折扣。①

四、分级干预体系的配套设施建设

涉罪未成年人分级干预体系是一项系统工程，需要同步完善相应立法、衔接、专门机构、社会支持体系等配套机制和措施，才能够真正实现将前文所构建的涉罪未成年人分级干预体系之功能，真正实现"教育、感化、挽救"的目的。

（一）出台完善相关法律法规

未成年人罪错行为分级干预体系要想发挥应有的功能，而不是仅仅停留在各地各自为政的实践探索阶段，就要出台和完善相关的法律法规，将其纳入统一的法治化轨道。由于我国未成年人罪错行为并非在一部法律中规定，因此其分级干预体系所涉及的法律法规也

① 参见张德沐、吴高飞：《未成年人罪错行为分级干预体系之构建》，载《中国检察官》2019年第21期。

种类繁多。针对繁杂的法律法规应当逐步完善对应的法律法规，首先应当在针对涉罪未成年人的相关法律法规中明确分级干预的基本原则，如儿童利益最大化原则，其次是对于其他关联法律中的涉罪未成年人分级干预相关内容应当予以细化，最后对于刑事犯罪的特殊主体——涉罪未成年人而言，制定一部独立的法律很有必要。

（二）加强相关部门配合衔接

从流程上看，涉罪未成年人分级干预体系并非单向流程化设置，为巩固干预效果，不同环节之间应当可流转循环。而这种流转就需要其他环节的协助配合，从而要求涉及不同环节的各个部门之间配合衔接。

一方面，在司法机关、行政机关、社会团体、志愿者组织、企事业单位等参与涉罪未成年人分级干预的各个主体之间建立配合衔接机制，通过该机制各个参与主体可以顺畅交流和衔接。另一方面，不同地区的涉罪未成年人干预实施机构之间也要交流协作，形成信息交流机制，开展跨部门、跨区域、跨行业合作，借助网络形成经验共享平台。

（三）设立实施干预的专门机构

为了防止未成年人罪错行为分级干预体系由多头管理变为无人管理，设立负责实施分级干预措施的专门机构很有必要。可吸纳教育部门、民政部门、司法部门（包括公安、检察、审判、监狱、少管所等）、专门学校等相关部门人员及心理专家、犯罪学家、社会学家、法学专家、统计学家等专业人士参与，根据涉罪未成年人的具体情况，开展相关心理测评、社会危害评估、矫正难度预测、主观恶性分析等具体工作，按照分级干预等级内容，从干预专家库中确定合理的干预措施及干预责任人。

业务论坛

广西观护基地情况调研报告

广西壮族自治区人民检察院第九检察部课题组*

未成年人观护来源于《未成年人保护法》《预防未成年人犯罪法》等法律法规，未成年人观护基地（以下简称观护基地）是落实未成年人观护的专门场所。近年来，在全区三级检察院以及同级团委、法院、公安等部门的共同努力下，全区观护基地发展较快，观护基地数量和观护对象人数持续增长，同时观护基地在教育矫治罪错未成年人方面发挥了重要作用，是新形势下做好未成年人保护工作的必然要求。但观护基地的基本概念、政策定位、规范运行等方面还不完善。为推动全区观护基地科学规范发展，进一步提升全区未成年人保护水平，课题组对全区观护基地情况进行了专题调研，结合相关办案数据，分析观护基地建设、运行等方面存在的问题，并提出相关对策建议。

一、观护基地基本情况

（一）观护基地建设情况

自 2014 年钦州市钦南区检察院建成全区第一所观护基地，至今全区累计建立观护基地 87 个（详见图 1）。特别是 2022 年未成年人

---

* 课题组成员：全莉，广西壮族自治区人民检察院未成年人检察部主任；张光成，广西壮族自治区人民检察院未成年人检察部副主任；钟钦邦，广西壮族自治区人民检察院未成年人检察部四级高级检察官。

检察业务集中统一办理以来，观护基地建设数量快速增加，其中2022年建成26个，2023年建成28个。根据观护基地的性质，可分为行政单位型[①]33个，企业型29个，学校型23个，其他类型2个（详见图2）。

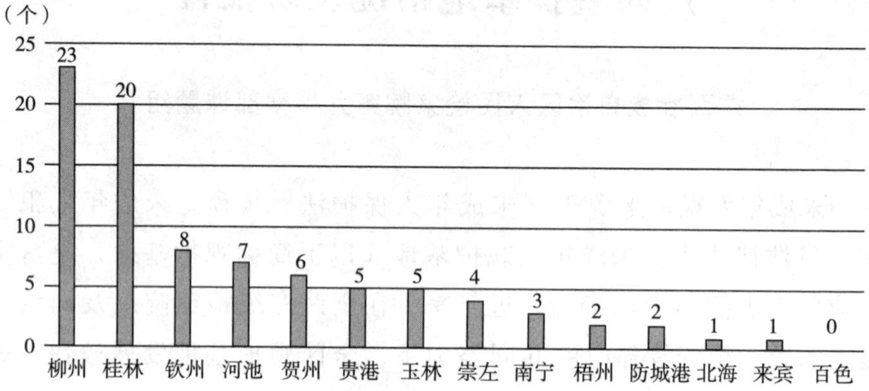

图1　观护基地地区分布

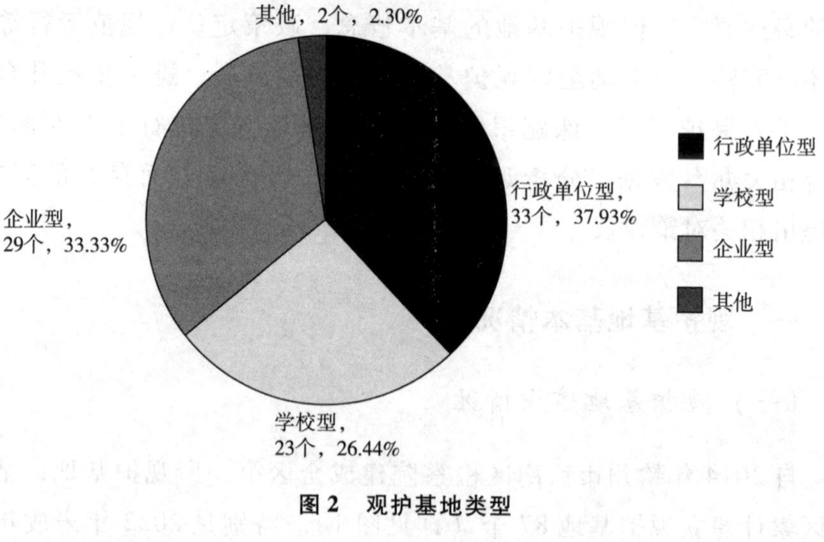

图2　观护基地类型

① 行政单位型是指除学校外，各级政府部门、事业单位等负责运营的观护基地。

（二）观护对象情况

观护对象包括附条件不起诉的未成年人、不批准逮捕的未成年人、不良行为未成年人等。观护总人数1047人（现有观护人数123人）。其中按性别区分，男性960人，女性87人；按年龄区分，13周岁以下52人，14—15周岁197人，16周岁以上798人；按观护时间区分，2020年之前观护人数79人，2021年99人，2022年272人，2023年450人，2024年以来147人；按观护期限区分，观护期6个月以下的829人，7—12个月的218人。另外，还可对观护对象进行地区划分（详见图3）。

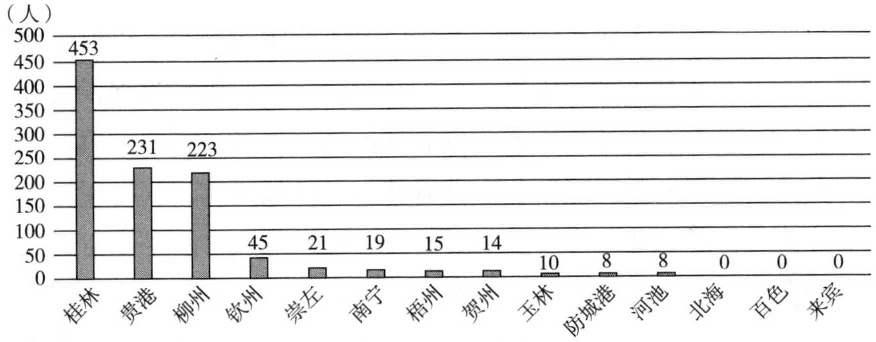

图3 观护对象地区分布

（三）观护基地相关工作

观护基地一般由检察机关联合当地团委、法院、公安等部门，通过相关部门购买服务或由相关企业免费提供公益服务等形式，引入相关社会组织、企业、学校等作为观护基地，如企业型观护基地均免费提供公益服务，不收取任何费用。观护基地成立后，由检察机关、法院、公安等相关部门经过评估并征得涉罪未成年人的监护人同意后，将观护对象交由观护基地帮教。观护对象进入观护基地后，由观护基地承担主要观护职责，检察机关与其他部门也会跟进帮教和协同做好帮教工作。观护帮教内容主要包括法治教育、心理疏导、行为矫正、志愿服务、技能培训、就业指导。各观护基地根据所在场所的性质特点，观护帮教措施也各不相同，如企业型的观护基地侧重于培训未成年人劳动技能，学校型的观护基地侧重于文化知识学习，行政单位型的观护基地侧重于行为矫正、公益服务。经过一定期限的帮教，观护基地出具观护意见，由委托机关对观护对象作出相应处理。

二、主要工作措施与成效

（一）观护基地数量和观护人数稳步增加

全区检察机关认真贯彻落实最有利于未成年人原则，积极推动观护基地建设，挽救罪错未成年人，从治罪转向全面综合治理，全流程跟踪罪错未成年人的教育矫治，各地观护基地数量和观护人数稳步增长，相关单位还为观护基地争取政府补贴、税收优惠、评优评先等政策，有力支持观护基地持续健康发展。如柳州市检察院通过与当地团委等相关单位紧密合作，共建立观护基地 23 个，将司法帮教与观护帮教有机结合，做到“警务 + 检察 + 审判 + 矫正”全链条覆盖，为未成年人犯罪预防以及涉罪错未成年人提供考察、帮教和矫治平台。

（二）观护基地的观护成效整体良好

全区检察机关不断督促观护基地优化观护措施，为观护对象提供全面、精准、有效的帮教措施，对罪错未成年人进行文化教育、家庭教育指导、法治教育、心理干预疏导、思想动态跟踪、劳动技能培训、组织社会公益活动等观护帮教活动，对罪错未成年人做到宽容而不纵容，矫治其不良行为，促使其顺利回归社会，确保取得良好观护成效。如桂林市观护基地已对 453 名罪错未成年人开展观护帮教工作，已有 417 名未成年人结束观护，经观护帮教的观护对象没有再犯罪情况。

（三）以“六大保护”融合发力助推观护帮教

全区检察机关积极联系相关政府部门，将各方优势资源和专业力量引入未成年人观护帮教中，全面推进观护基地建设、运营等环节，为观护对象提供专业帮教措施，提升观护成效。如梧州市检察院打造“检察机关+团委+民政+妇联+N”的帮教模式，依托观护基地精准帮教，促使罪错未成年人由内到外全方面转变，从而更好地回归社会。

三、观护基地存在的问题和困难

整体上看，观护基地为罪错未成年人教育矫治提供了新途径，效果良好，但观护基地起步晚，工作机制、日常管理、观护措施等方面还未能很好适应新时代未成年人保护工作的需要。

（一）观护基地定位不清，建设标准缺乏

观护基地是落实未成年人观护帮教的专门场所，而未成年人观护帮教的法律渊源是《未成年人保护法》《预防未成年人犯罪法》和最高人民检察院、共青团中央《关于构建未成年人检察工作社会支持体系合作框架协议》等。如《未成年人保护法》第116条规定，国家鼓励和支持社会组织、社会工作者参与涉及未成年人案件中未成年人的心理干预、法律援助、社会调查、社会观护、教育矫治、社区矫正等工作。但上述规定仅提出社会观护、建立观护基地等初步概念或措施，对观护基地的基本定义、职能作用和实施细则均没有配套的规定，缺乏统一、具体的规范性文件。各地探索推进过程中，结合本地业务需求制订了一些规定，对观护基地的具体任务和运行规范等制定了地方性文件，重点解决了一些具体问题，但也产生了一些新问题，制约了观护基地的科学规范发展。一是观护基地法律

定位不清，观护基地职能与专门学校存在一定重合。中共中央办公厅、国务院办公厅《关于加强专门学校建设和专门教育工作的意见》及广西相关实施意见均明确规定“专门学校招生对象为已满12周岁不满18周岁、有严重不良行为的未成年人。因不满16周岁不予刑事处罚和检察机关决定相对不起诉、附条件不起诉的未成年人，也可以依照法定程序送专门学校进行教育矫治”。目前各地对专门学校建设较为重视，投入大量资源重点推进，专门学校不仅接收罪错未成年人，还接收严重不良行为的未成年人，接收对象与观护基地存在一定重合。现实中也出现了同一个场所同时挂观护基地和专门学校两块牌子的情况。二是观护基地没有统一规范的准入及建设标准。近年来，观护基地从无到有，基地数量不断上升，观护基地本身类型多样化，从企业、学校到社会组织等，充分显示出在各方努力支持下，社会各界热心参与罪错未成年人教育矫治工作。但应注意到，目前国家和地方并没有对观护基地制定统一准入及建设标准，已建成的观护基地类型多样，关键是大部分观护基地都是刚开始接触此项工作，缺乏相关经验、工作方法和配套设施，影响了观护帮教的效果。

（二）观护基地的观护效果有待提升

一是教育矫治不全面。观护基地主要通过教授劳动技能、理论学习和组织公益活动教育观护对象，不同类型的观护基地侧重点不同，不能对观护对象进行全面矫治。如企业型观护基地把参与观护工作作为一项公益活动，为观护对象提供学习劳动技能的机会，主要是教授职业劳动技能，而观护对象不仅要学习劳动技能，还应对未成年人进行行为矫正、心理辅导等，企业型观护基地缺少相应的专业人员和工作经验，劳动技能之外的观护内容较少，观护对象到观护基地后主要是劳动技能学习为主，思想文化、行为矫治等方面没有得到足够的教育感化，不利于观护对象形成正确的世界观、人生观和价值观，影响观护对象教育矫治效果。二是观护基地与观护需求的匹配度不高。对企业型观护基地，有的观护对象不适应企业工种，不愿到企业接受观护；有的企业无住宿条件且位置偏僻，观护对象无法按时到达。关于学校型观护基地，学校有固定的入学时间，且有寒暑假，无法与办案单位所需的观护期限完全匹配。三是观护对象进入观护基地后，观护帮教工作主要由观护基地负责，检察机关和其他单位辅助，有的观护基地缺乏实际有效的管理规范机制，导致在6个月的观护考察期间，观护帮教不到位，观护对象再次出现违法情况。据统计，截至目前，全区共有10名观护对象观护期间重新犯罪，可见对观护对象教育矫治情况的跟进监督力度还有待提升，观护帮教措施还有待改进。

（三）观护基地的使用不充分

因监护人不配合、观护基地不提供食宿、跨区距离较远、缺乏监管人员等问题，导致进入观护基地的观护对象总量少、比例低。一方面，进入观护基地的观护对象总人数少、比例较低。如2023年全区附条件不起诉人数达到1579人，进入观护基地的仅有455人。另一方面，已建成的观护基地接收观护对象较少。从现有观护人数看，全区共有观护基地87个，现有观护人数为123人，平均每个观护基地观护对象不到2人。

（四）观护基地的衔接机制不完善

一是部分未成年人流窜作案，犯罪地与经常居住地不一致，甚至没有经常居住地，如果观护基地不提供住宿，则此类人员难以安置于观护基地进行教育矫治。部分涉罪未成年人没有经济收入，需要到外地工作谋生，要求其按期回到本地进行帮教活动不切合实际，因此不宜安置于观护基地。上述两类人员，在没有建立异地观护配合协作机制情况下，接受观护帮教存在较多困难。二是部分未成年人出现不良行为时年龄较小，观护帮教结束后，如果再次结识不良人群或形成不良行为，仍然存在再次违法犯罪的风险，因此在帮教结束后，应持续跟踪未成年人情况，但目前并未建立跟踪帮扶教育机制，无法对未成年人后续的情况进行跟踪回访，只能由承办人发挥依法履职作用跟进案件后续情况。

（五）观护基地的保障不充分

一是目前检察机关主要通过办案经费购买社会服务，没有获批专项经费预算，缺乏经费保障长效机制。检察机关每年因费用问题，导致合作基础不稳定，提供社会服务的机构存在观望态度，不敢加大投入力度，不利于未成年人司法社会工作的深入推进，使得观护基地在提供专业服务时面临诸多困难。有的企业参与观护帮教纯属公益行为，资金不到位并且没有明确的政策支持，使企业很难付出太多的精力去运转基地；对进入观护基地的未成年人无法提供医疗、保险等基础保障，一旦未成年人出现生病或者工伤等问题，没有可参照的解决规范，给企业正常运营带来安全隐患。二是在观护措施方面，观护基地缺乏足够的资金投入，不能及时配置所需的设施、专业人员等，同时也缺少文化教育、法治教育、基础教育所需的配置，难以达到预期的运营效果。三是有的观护基地没有固定办公场所，依附学校、社区、企业等办公、经营场所，不利于观护基地发挥观护帮教作用。

四、推动观护基地高质量发展的意见建议

面对新时代未成年人保护工作的新形势、新任务、新要求，建议在用好现有观护基地、提高现有观护基地利用率的基础上，持续加大观护基地建设，推动观护基地科学规范发展。

（一）更加重视观护基地发展

未成年人观护是未成年人社会支持体系的重要一环，要充分认识到观护基地在未成年人矫治教育工作中的重要作用，进一步提升对观护基地的重视。一是正确认识观护基地的优势和作用。观护基地与专门学校相比，具有其特殊优势和作用。观护基地由社会各方参与，建设模式灵活多样，占用社会资源相对较少，观护帮教的形式丰富，能给观护对象提供不同选择，满足个性化教育矫治需求，提高教育矫治的质量，因此观护基地具有其独特的存在价值。二是加强组织领导。参照专门学校推动模式，通过发挥党委、政府主导作用，指定观护基地相关工作的牵头部门，成立相应议事协调领导小组，统筹各方力量，共同推进观护基地发展。三是将观护基地建设作为工作重点进行推进，主动向各级党委、政府报告观护基地工作情况，争取党委、政府支持，争取更多观护基地建设和运营专项经费，加强未成年人司法保护专业队伍建设，推动组建未成年人司法社工专业化队伍，为观护基地提供更有力的资金、人力和物力保障。

（二）完善观护基地相关法律法规和机制

一是在立法层面完善未成年人相关法律规定，确保涉罪未成年人观护工作有法可依、有规可循。对观护基地建设和运营提供立法支持，具体可参照专门学校的模式，明确观护基地的法律地位、职能作用，建立观护基地准入标准、运营标准，使观护行为、观护方式、观护基地保障和发展均有法可依，解决观护基地法律地位不明、职能不清问题，充分发挥观护基地投入少、见效快的优势。区分不同对象的情况，分别送到不同专门场所进行教育矫治，逐步建立观护基地、专门学校等有机统一的未成年人教育矫治体系。二是在具体操作层面，制定观护帮教实施细则或工作指引，在接收、考察、考评等方面，明确各方职责，指引相关单位对观护对象规范开展观护工作，做到职责明确、衔接顺畅，确保观护对象送得出、教得好。三是完善观护基地内部日常管理制度、安全管理制度、档案管理制度以及考核制度，建立涵盖多种帮教项目一体的观护基地，为观护对象提供多种观护帮教措施，从亲职教育、法治教育、心理疏导、行为矫正、志愿服务、技能培训、就业指导等全方面为涉罪未成年人提供帮教服务。明确基地中各个岗位的职责、工作流程以及考察期限内的考核标准，确保基地规范运行和帮教工作有序开展。同时，建立跟踪回访制度，对完成考察帮教的涉罪未成年人定期进行跟踪回访，关注其成长发展、生活状况和心理状态等，必要时提供相应的帮助，避免其再次违法犯罪。四是各观护基地之间建立资源共享机制和工作联动机制，为观护对象提供多种观护帮教措施，加强跨地域协作机制建设，完善异地观护工作机制，提供全面、有效的帮教。同时，要统筹协调异地帮教工作，打破地域限制，为跨辖区的观护对象提供帮教，最大限度帮助观护对象顺利回归社会。

（三）推动观护基地可持续发展

一是以未成年人社会支持体系为依托推动观护基地发展。通过积极构建更完善的社会支持体系，动员更多企业、社会组织和志愿者等社会力量参与观护基地建设和运营，发挥各自的专业知识和优势，提供多样化的观护帮教资源，切实为观护基地发展提供强有力的支撑。同时需要为成为观护基地的企业、社会组织等提供更多政策支持，激发各方的积极性，不断提升观护基地的数量和质量。二是加强观护基地的规范性建设和动态管理。建设一批示范性的观护基地，并对观护基地定期进行评估，了解观护基地的运行、发展情况，推动观护基地不断发展完善。三是加强品牌建设。结合本地具体情况，依托观护基地，打造具有辨识度和影响力的未成年人观护品牌，突出品牌引领，以点带面，推动观护基地各项工作全面发展，为观护对象提供更优质的观护帮教措施，使观护对象顺利回归社会，也使家长更加放心把未成年人送入观护基地进行矫治。另外，通过加强品牌建设，可引领更多单位、社会组织和个人参与到未成年人观护帮教中，全面提升未成年人观护的社会覆盖面和影响力，形成全社会共同关注和支持的良好氛围。

（四）综合施策提升观护质效

一是继续加强沟通协调，会同其他司法机关、行政部门和专业人员，积极引入更多爱心企业、机构、社会组织等社会资源参与基地的建设、运行和管理，依照“就近方便、技能培育、供需匹配、管理到位”的标准，继续设立更多的观护帮教基地，重点在偏远地区建设观护基地，着力解决因距离远、兴趣方向不符等无法送入观护基地的问题，为观护对象提供更多的技能培训、就业机会和指导等实际帮助。二是设置公益岗位，邀请有爱心、责任心强的合适成年人担任志愿者，定期对重点观护对象谈心谈话、家庭教育等，及时了解未成年人生活、学习等情况，及时研判风险隐患，加大对未成年人的专门教育，助推帮教工作落地落实。三是建立具有专业心理、法律等知识的队伍，从专业人才中挑选合适的人为观护基地涉案未成年提供法律和心理知识，构建“固定基地＋灵活帮教”的模式，充分发挥观护基地自身优势，同时建议检察人员、专业人员等定期到观护基地对观护对象开展法治教育、心理疏导等专业矫治，解决观护基地帮教措施单一的问题。

少数民族农村青少年犯罪预防实证分析

——以G省100件未检案件为样本分析

匡晶晶　谭　政*

习近平总书记高度重视青少年法治教育问题，多次强调“普法工作要在针对性和实效性上下功夫，特别是要加强青少年法治教育，不断提升全体公民法治意识和法治素养。”2022年，最高人民检察院发布《未成年人检察工作白皮书（2022）》，披露检察机关强化“四大检察”融合履职，深化未成年人全面综合司法保护有关情况。白皮书显示，从2020年至2022年检察机关受理审查逮捕、审查起诉未成年犯罪嫌疑人情况来看，未成年人犯罪总体呈上升趋势。不仅是国内，从联合国对世界范围的调查统计显示，在全球范围内，未成年人犯罪普遍呈上升趋势，平均每年递增5%。

我国是历史悠久的多民族国家，且少数民族聚居区多分散在广大农村地区，青少年犯罪具有一定地域特征。对于少数民族农村青少年犯罪的相关研究，符合我国基本国情，缺少相应的域外经验。目前包括2021年修订的《预防未成年人犯罪法》和《未成年人保护法》在内，现有法律法规、政策文件和理论研究等大多是针对青少年犯罪预防共性问题制定，对少数民族农村青少年犯罪涉及较少，基于司法机关实证研究分析的更是凤毛麟角。综上所述，国家出台

---

* 匡晶晶，贵州省黔西南州人民检察院法律政策研究室三级检察官；谭政，贵州省黔西南州人民检察院第八检察部主任、一级检察官。

的相关法律法规对少数民族农村青少年犯罪预防提供了宏观体系方案，具体工作有待各地通过研究分析实证案例进一步深入。而理论研究多以相关理论和未成年人教育为视角，对少数民族农村青少年犯罪在司法案例和对象数据方面有一定局限性。本文基于少数民族农村青少年犯罪的具体案例对其犯罪特征及原因开展分析，对深化青少年法治教育和犯罪预防具有实践意义，也是对当前少数民族地区青少年犯罪预防研究范围的拓展与补充。

一、G省未成年人犯罪现状及特点

G省农村少数民族聚居区大体呈现小聚居、大分散状况，根据全国第七次人口普查数据，G省农村聚居少数民族人口占比达83.12%，其中14周岁以下未成年人数占比已达到23.97%，2021年至2023年全省检察机关共受理未成年人犯罪25818件37719人，其中受理审查逮捕12777件18413人，受理审查起诉13041件19306人，案件受理数呈逐年上升趋势，未成年人犯罪对社会稳定造成较大影响。

本文选取发生在G省少数民族农村的100件未成年人检察案件，对其特征进行分析，发现呈现出以下几个特点。

（一）案件类别多样化，且以涉财产型犯罪为主

抽样的100件案件中涉财产性犯罪人数占比达54.19%。此外，以获取财物或报酬为目的的犯罪占主要类型，占比较高的罪名依次为：盗窃罪、寻衅滋事罪、强奸罪、诈骗罪、帮助信息网络犯罪活动罪。

此外，随着网络信息技术的发展，利用信息网络实施的涉财产型犯罪在少数民族农村有所增加。抽样案件中，2021年受理审查起诉帮助信息网络犯罪活动罪占比仅为2.8%，2023年已增长至8.3%。可见信息网络在少数民族农村的普及度进一步增加，未成年人因其

认知能力有限，受网络负面影响加大。

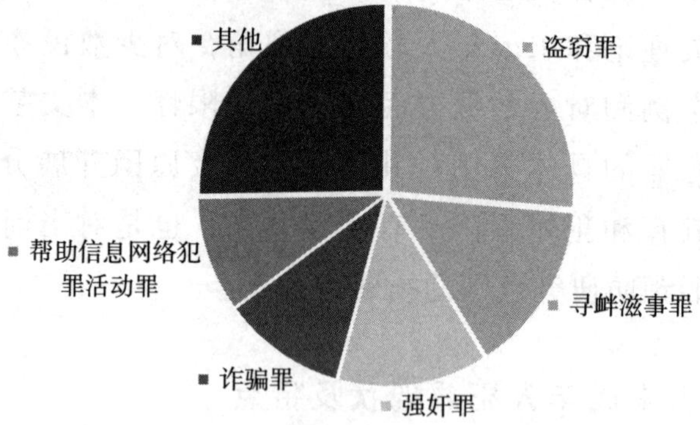

图1　抽样案件中各罪名所占比例

（二）涉及一定比率在校学生犯罪及重复犯罪

抽样的100件案件中，有14.50%为在校生，22.14%曾有前科劣迹。例如，一名未成年人因故意伤害罪被判处有期徒刑，仅2个月后，又因危险驾驶导致其本人受伤及同乘人员受伤，其本人伤势较重需长期卧床休养。此外，通过逐年数据显示，2021年在校生犯罪和未成年人再犯率均为三年最低，这应该是当时疫情尚未结束，学校对学生的管理较为封闭、严格有关。少数民族农村青少年家庭、学校、社会三重教育较为缺失现状下，该组数据为未成年人检察工作更精准贯彻“教育、感化、挽救”方针和“教育为主、惩罚为辅”原则，提供了思路和方向。

（三）暴力犯罪率有所下降

抽样案件中，以青少年暴力伤害及暴力方式获取财物等犯罪为统计对象，2021年暴力犯罪率为64.56%，2022年为83.91%，2023年为76%。与上一部分内容相似，青少年暴力犯罪数据在2021年处于三年中的最低位，其原因也在于当时仍处于疫情期间，学校、社会均受到严格管控，青少年犯罪缺乏场所、方法等条件。此外，相较于2022

年，2023年青少年暴力犯罪率有所下降。其中因暴力造成人身伤害的有33人（含未成年犯罪嫌疑人本人），其中造成重伤及死亡的占9.1%，造成轻伤的占51.5%，造成轻微伤的占39.4%。未成年人刑事案件中，不乏对当事双方家庭经济、身心都造成伤害的实例。

（四）共同犯罪人数有所下降

同侪压力是少数民族农村青少年成人化转变中面临的重要挑战，也是影响青少年犯罪的主要因素之一。抽样案件中，2021年共同犯罪人数为63人，2023年下降至32人，下降率达51%，但占比仍达到24.43%。未成年人共同犯罪案件数量与少数民族农村青少年生产生活圈子和认知能力息息相关。例如，一起聚众斗殴案件中，双方发生矛盾后，因对方人数较多，未成年被告人内心对可能发生的打斗感到害怕，欲另择路返回家中进行回避，但在与同伴汇合且同伴与对方约定地点斗殴后又一同前往约定地点，并在见到其他同伴动手后，自己也加入斗殴之中。

二、犯罪成因分析

据费孝通先生于1998年出版的《乡土中国 生育制度》所述，20世纪40年代的中国农村流动率低，社会环境相对封闭，居民代代生长于同一片土地，彼此之间都很熟悉。G省地貌特征多山，此种“熟人社会”特性尤胜。随着时代发展、社会变迁，城镇人口流动性、信息传播速度等加快，虽没有彻底改变少数民族农村熟人社会的本质，但信息偏差及价值冲击等对青少年犯罪成因却产生了一些有别于其他地区的因素。

（一）教育缺失

青少年人格养成受家庭教育、学校教育和社会教育三重教育影响，少数民族农村因其产业较为缺乏、经济欠发达等原因，父母在家庭教育中缺位或缺乏正确途径开展青少年教育，学校师资及硬件设施保障等不足导致学校教育缺失，少数民族优秀传统文化传承途径未能得到有效拓展等社会教育缺失问题均影响着对青少年本质的“塑造”。

1. 家庭教育缺失

从发展的观点来看，在社会中，家庭最重要的功能是照顾年幼者并促使其社会化，且每个家庭成员行为的发展、变化都会对其他成员行为造成影响。少数民族农村青少年犯罪嫌疑人家庭教育缺失情况大致可分为三类。

一是缺乏父母监督管教家庭中的家庭教育缺失问题。西班牙一项对当地法院 500 余名已判刑的青少年抽样开展跟踪研究的结果发现，缺乏父母监督是与再犯罪最密切的变量之一①。如前文所述，G 省少数民族多靠山而居，农村经济产业及教育水平均较为落后，壮年多外出务工以换取更多经济收入。本文抽样案件中，青少年犯罪嫌疑人父母外出务工占比达 40.46%，家中子女长期处于老人监管或无人监管状态。该类家庭中父母对子女大多是“不作为”型教养方式，在其成长过程中，无法从激励和惩罚中辨别行为的正负向，经实验证明，青春期时，该教养模式下成长的青少年更易于实施反社会行为和违法行为②。

二是多子女家庭中的家庭教育缺失问题。通常情况下，多子女家庭对家庭经济水平、父母教育意识和养育能力提出更高的考验。在第七次全国人口普查中，G 省人均 GDP 指数居全国 31 省市区中偏后顺位，而农村地区家庭受到经济水平影响程度更深，此次抽样案件中，多子女家庭占比达 71%。因家庭经济压力和意识观念问题，父

---

① Miguel Ángel Alcázar – Córcoles，José Carlos Bouso – Saiz，Javier Revuelta，Carlos Alejandro Hidalgo Rasmussen，Ezequiel Ramírez Lira，Carlos Calderón – Guerrero. Juvenile delinquents in Toledo (Spain) from 2001 to 2012：Psychosocial，educational and criminal characteristics [J]. Spanish Journal of Legal Medicine，2019，45 (3)：93.

② Kurdek，L. A.，& Fine，M. A. (1994). Family acceptance and family control as predictors of adjustment in young adolescents：Linear，curvilinear，or interactive effects? Child Development，65，1137 – 1146.

母对多子女的教育客观存在不均衡的现象，其中年长的孩子更容易受到父母强制性管教模式的影响，而年幼的孩子对不公平对待更为敏感，更容易因此做出消极反应，以期获得更多的家庭关注或自我证明[①]。如抽样案件中，一家庭中的长子在某警官学院就读，但次子却常年混迹在社会上，先因故意伤害致人重伤，被判处有期徒刑，后又因危险驾驶致使自身及同乘人员受伤。

三是因父母文化水平有限导致的家庭教育缺失问题。随社会变迁，少数民族农村通过更加高速的人口流动，信息网络发展等，获得了更多信息交流和意识融合的机会，但此种信息差也造就了少数民族农村青少年家庭教育缺失的问题。大部分少数民族农村父母文化水平有限，家庭教育能力有限，与青少年飞速发育的生理素质和青春期特有的理想主义形成落差，导致父母教育与客观需求产生距离。

2. 学校教育缺失

首先，因经济条件限制，G省少数民族农村学校中，长期存在师资队伍不强、师资人员配备不足、硬件建设落后等问题。例如，青少年群体间的性侵案件时有发生，已引起相关政府部门、司法机关、青少年保护组织的高度关注，但目前学校尚未能配备专业青少年性安全辅导教育教师。在师资培养方面，目前仅有首都师范大学、成都大学等极少数高校开设了系统的性教育教师培训专业，更未辐射到少数民族农村地区。

其次，对青少年心理状态、普法教育、优秀民族传统文化教育等难以落实。少数民族农村学校在缺乏具备心理咨询资格的教师，在相关方面的教育缺乏专业性和实践经验，大多不具备专业的特殊心理识别、帮助、转治和危机干预能力。

最后，各政法部门虽在每年特殊节点、日常工作规划中不定期到

① ［美］David R. Shaffer、Katherine Kipp：《发展心理学——儿童与青少年》（第九版），邹泓译，中国轻工业出版社2021年版，第555－556页。

各中小学校开展普法宣传教育，但客观上存在教育方式方法枯燥单一、法律知识宣传缺乏系统性、对青少年生理心理发展规律了解不透和帮助方法有限等限制，对根治在校学生因受到心理落差、法律意识淡薄、沾染社会不良风气和交友不慎等因素影响而实施犯罪方面的实践效果仍不够理想。

3. 社会教育缺失

少数民族农村的社会教育缺失问题要从其民族文化形成及受到现代科技信息等冲击因素进行追溯。以某少数民族地区为例，其发源地位于南北盘江与红水河流域，该区域自然生态环境良好，野生动植物资源丰富，但同时地形复杂多样、交通不便，该少数民族自古社会风气崇尚勤劳稳定团结，通过让子女参与社会劳动、祭祀、节日等开展社会教育，并强化家庭教育效果。但随着社会变迁，农村交通逐渐便利，人口流动加大，随着科技手段的不断扩展，大量未经筛选的复杂信息进入原本封闭的社会生活中，许多家庭的父母、族群中的长辈等无法再对新变化、信息发挥言传身教的作用，部分青少年向往并模仿网络游戏、短视频中不良的拜金主义、价值取向及暴力行为等，对青春期发展、发育中遇到的问题和烦恼缺乏科学认知，无法获取正确的引导和健康的排解途径，从而采用犯罪手段，以期在物质上填补内心需求。这一点在抽样案件中，从少数民族农村青少年犯罪以涉财产性犯罪为主，且信息网络犯罪数量增长也可窥见。

（二）认知能力水平受限

美国心理学家加涅提出三种认知能力，即言语信息、智慧技能、认知策略。认知能力是人脑对信息进行加工，识别事物构成、性能、发展及其发展规律等能力，认知能力的发展也在一定程度上决定了青少年遇到问题、分析问题、解决问题的能力。在实践调查和数据中可见，少数民族地区青少年相较之发达地区青少年，其认知能力水平受限。

1. 智力水平

智力水平并不简单等同于大众认知中对“聪明”一词的概念，而是一种综合的认识方面的心理特征，主要包括感知记忆能力、观察力、抽象概括能力、逻辑思维能力、创造力等，各方面的发展可能各有所长，影响因素也较为复杂，其中遗传、饮食、环境、药物等都会对其发展造成影响。少数民族农村青少年大部分对学习文化知识缺少兴趣和专注力，部分还存在学习不能即时变现的认知，对未来缺乏清晰、远大的愿景规划，大多对未来的规划就是像父母一样外出务工，有的甚至辍学外出打工。抽样案件中，有23%的青少年犯罪嫌疑人已进入社会打工，大多从事服务业或工地劳动等行业，具有初中以上学历的仅占13.74%。

2. 心理认知水平

心理学对青少年的研究中发现，青少年普遍存在生理发育迅速且超前、心理认知发育相对滞后的特点。该特点在少数民族农村较为显著，无论家中是否仍以农耕为业，少数民族农村对子女教育中的勤劳自立本质并未改变，在此社会环境中成长的青少年体力、生理发育更为强壮。但与之相对应的是，因缺乏有意识的心理认知引领，使少数民族农村青少年社会化转化过程中不可避免地将遭遇更大的挑战和波折。青春期是青少年寻找和建立“自我同一性”的关键时期，埃里克森认为，如果总无法获得明确的认同感，处于漫无目的的混乱水平，最终会使个体变得压抑和失去自信，甚至可能导致消极认同，成为害群之马、罪犯等，甚至用不良的自我形象提升自我价值感①。

此外，心理认知水平不足还可能使青少年更易受到同侪压力的影响从而走上犯罪道路。抽样案件中，有13.74%的青少年身边聚集同样法律意识较为淡薄的朋友、团体，另外，24.43%的共同犯罪率也

① ［美］David R. Shaffer、Katherine Kipp：《发展心理学——儿童与青少年》（第九版），邹泓译，中国轻工业出版社2021年版，第442页。

能说明该项问题。

三、少数民族农村青少年犯罪预防的对策

基于少数民族农村青少年犯罪影响因素中既包含民族文化传承和现代社会信息冲击，又包含农村普遍经济环境、教育资本等较为缺乏的客观难题，并非充分发挥一家主管部门职能即可推动问题解决，需各政府主体、司法机关、社会团体等对少数民族农村青少年犯罪预防问题上因地制宜、形成合力，牢固树立对未成年人“教育、感化、挽救”的方针，最大限度教育挽救涉罪未成年人，并着力做好犯罪预防和社会治理。

（一）尝试在司法实践中引入恢复性司法等更能适应案件发展变化的办案模式

恢复性司法源头可追溯到 20 世纪 70 年代加拿大和美国一系列小规模的司法实验运动，随着各国实践引入及深入概括，对其定义产生了许多不同概念。笔者认为，在少数民族农村青少年犯罪预防的司法实践引入中，可适用 2004 年澳大利亚著名犯罪学家对其作出的定义，“恢复性司法是一个过程，这个过程为所有受到非正义行为影响的利益相关者提供一个讨论他们如何受到伤害并决定如何修复伤害的机会。恢复性司法就是基于这样一种思路，因为犯罪造成伤害，正义应该得以恢复，即被害人与加害人沟通必须是恢复性司法过程的中心。”① 少数民族农村青少年生活圈具有其特定的宗族、民族等“特殊熟人社会”性质，探索在该场景中适用恢复性司法有以下几个益处。

首先，恢复性司法内核与少数民族处理矛盾纠纷的传统习惯法具

① Braithwaite, J. Restorative Justice and De - Professionalization. The Good Society, 13 (1), 2004, pp. 28 - 31.

有趋同性。以同样为G省世居少数民族的苗族为例，其民间纠纷解决方式包括“凭契讲理”“头人说理”等，均为当事双方自愿进行对话和讲理，以共同化解矛盾纠纷、弥补伤害、解决问题为目的，贯彻着“平息争讼”“以和为贵”纠纷解决价值观。具体在少数民族农村青少年犯罪预防实践中，可以通过司法机关与“寨佬”等在当地具有话语权的人共同促进案件当事双方或多方开展对话、交流，明确伤害范围和可接受的弥补伤害的具体方法，或加害方应当做出的社会公益、劳动行为等，强化对少数民族农村受青少年犯罪影响当事人、家庭等的多方社会关系、经济损害、精神创伤等方面的修复。

其次，青春期是成人化、社会化转变的关键时期，青少年生理、心理均处在不断发展之中，青少年犯罪预防最理想的方式是实现青少年持身守正、遵纪守法的主观能动性，从而身体力行地识别犯罪并拒绝犯罪。目前实践中已探索实施的帮教措施取得了一定成效，但在国际国内青少年犯罪率均呈上升趋势的情况下，探讨和引入更多帮教措施势在必行。恢复性司法中对犯罪行为人可采取的恢复措施约定较为灵活，实践中可根据具体案件及当事人情况将青少年犯罪帮教措施融入其中，如约定青少年犯罪行为人参与一定时长的社会公益行为，主动参与普法活动或相关体验，以及通过团体合作等能达到正面效果的社会体验行为等，采用对青少年犯罪嫌疑人未来影响最小的方式，引导其实现身心发展的自我斧正。

（二）建立少数民族农村青少年犯罪社会一体化帮教大格局

在维果斯基社会文化观视野下，人类的认知，即使被隔离起来，本质上仍是社会文化的，受到由文化传递给个体的信仰、价值观、智力适应工具等的影响①。青少年犯罪同样受到社会文化的影响，对其预防和干预也应当从构建社会一体化帮教大格局入手思考。

① ［美］David R. Shaffer、Katherine Kipp：《发展心理学——儿童与青少年》（第九版），邹泓译，中国轻工业出版社2021年版，第234页。

首先，家庭作为青少年教育的主要场所，应当担负起建立正确养育系统的主要责任。2022 年我国《家庭教育促进法》正式实行，明确了国家对家庭教育的重视和引导，但从抽样案件情况来看，少数民族农村对家庭教育的帮助、引导措施仍有进一步深化和完善的空间。受民族共同体意识引领，各民族之间、民族城市与农村之间的交流融合日益加深，少数民族农村中新生代父母对子女的教育观念有了切实和时代的更新，在中央民族大学研究生对西南地区某民族农村新生代父母发放的问卷调查中，选择家庭教育目的是“为国家和社会培养人才”的比例达到 87.23%，足以体现当前少数民族农村新生代父母对子女教育的高期待，但与之相对的是，家长自身对于具体教育知识缺乏系统性、教育方法缺乏灵活性、知识来源缺乏权威性等问题。对此，《家庭教育促进法》中明确“中小学校、幼儿园应当根据家长的需求，邀请有关人员传授家庭教育理念、知识和方法，组织开展家庭教育指导服务和实践活动，促进家庭与学校共同教育。”根据少数民族农村学校现实情况，建议政府统筹，教育系统和相关司法部门配合做好家庭教育指导服务的相关规划，积极与具有丰富青少年帮教经验的社工团体、心理社团等进行合作，更有针对性、系统性、趣味性地开展家庭教育指导服务，并积极引导存在家庭教育难题的父母向相关公益团体寻求帮助。如 G 省检察机关探索建立未成年人观护基地，设立“爱心妈妈”公益岗位，定期指导服务家庭教育，并邀请家庭教育讲师、心理咨询师等对关护基地“爱心妈妈”开展专业培训，同时联合社工组织系统化提升其履职能力，使未成年人检察工作更具专业性、系统性。

其次，目前未成年人保护及犯罪预防责任分散于各级政府、教育行政部门、妇女联合会、共青团、学校及司法机关等部门，各机构之间依职能配合开展工作。实践中工作开展成效除受到经济条件、人员配置等影响，还受到具体负责未成年人工作相关人员的认识、能力影响。例如，个别开展未成年人保护工作的人员对未成年人行为等予以充分重视，但忽视了其背后的深层心理、生理发育因素，对青少年犯罪预防止于常规性开展，个案干预效果较好，但工作成效缺乏辐射效果。此外，各部门之间的配合方式和配合能力也是影响青少年犯罪预防质效的重要因素。对此可参考域外经验，成立专门性青少年犯罪预防机构统筹相关工作如美国设立的OJJDP办公室（Office of Juvenile Justice and Delinquency Prevention）和CCJJDP协调委员会（Coordinating Council on Juvenile Justice and Delinquency Prevention），分别负责政府在少年司法和犯罪预防方面的日常工作及协调监督少年司法和犯罪预防干预工作的相关事务。我国可根据具体国情，鼓励各地区政府设立青少年犯罪专门组织，各未成年人工作相关行政机关设立青少年犯罪预防和干预专门部门，组织成员包括各专门部门负责人等，对相关工作共同研究、信息共享、共同规划等，同时由地区检察机关统筹本地区青少年犯罪预防及分析研判，并对该地区青少年犯罪多发领域提出系统性整治社会治理检察建议，前述专门组织负责与检察机关、具体责任部门负责常态化跟踪问效。

最后，2020年新修订的《预防未成年人犯罪法》扩大了未成年人不良行为的范围，进一步明确了未成年人分级处遇机制，对未成年人不良行为的管教措施大多需要学校、父母、司法机关、行政机关等多重配合进行整治。需要各职能部门切实从有利于未成年人身心发育特点的方向出发，着力打造风清气正的社会环境，督促相关部门严格落实禁止向未成年人售卖烟酒，对法律规定未成年人不宜进入的场所进行严格管理、不定期抽查等，也可借鉴需刷身份证予以验证才能购买烟酒等域外先进经验。同时，大力发展少数民族农村经济，帮助居民在当地找到更多就业机会和方向，使未成年人父母有机会切实配合履行好社会一体化帮教职责。

（三）将民族优秀传统文化融入青少年教育和犯罪预防

不同学者对西南地区少数民族农村青少年疏离感的抽样调查结果

显示，该地区不少青少年具有较深的疏离感。主要表现在青少年易产生心理上的无力、疏远、冷漠感①。少数民族农村青少年一方面缺乏对民族优秀传统文化传承途径，另一方面受到网络上不良信息等影响，对物质生活条件产生心理落差。对此，建议将民族优秀传统文化融入青少年教育和犯罪预防，帮助其获得自我认同感，从而主动远离犯罪。

首先，大多民族历史散见在各类学者文献之中，地方志对民族历史的叙述有其文体和记述内容的规范要求，大多客观叙述民族风俗、艺术服饰、行政管辖设置等变迁历史，除一些具有通行文字等对历史留存较为全面的民族外，大多缺乏对民族历史发展变迁的系统性阐释及对民族整体精神价值观的深入叙述和分析。随着社会不断发展，过去靠长辈在共同劳动中口耳相传的传承途径已被打破，少数民族农村青少年大多未能传承到其民族蕴含在劳动、艺术、生产中的优秀精神价值观。对此，建议出台相关措施指导、鼓励各省份对其世居少数民族精神价值观和社会价值取向开展系统研究，并选取编撰对青少年价值取向具有良好引导作用的内容作为教材、科普读物等，同时纳入当地未成年人保护组织、少年司法部门、教育系统等开展学习和运用。例如，组织学生参与相关民族短剧、舞台剧等的编演，利用当地民族传统节日开展相关演说、展演等，通过切身参与本民族历史演说、戏剧编演，变被动为主动地探索、吸收优秀民族文化，从而寻找到自我认同感。

其次，鼓励、发动青少年参与到民族文化网络宣传中，引导青少年自发形成对纷繁复杂的网络信息进行甄别的能力。同时，通过参与网络中的民族优秀传统文化传播，引导其形成正确、独立的价值

① 韦泽珺：《贵州生疏民族地区与上海地区儿童青少年心理资本的对比》，上海师范大学 2014 年学位论文；魏杰、杨通华、张庆林、张劲梅：《滇黔桂少数民族中学生心理健康状况及其疏离感的相关性》，载《中国健康心理学杂志》2022 年第 1 期；杨东、吴晓蓉：《疏离感研究的进展及理论构建》，载《心理科学进展》2002 年第 1 期。

观。例如，大多少数民族传统中都有鼓励勤劳、团结的优秀文化，鼓励青少年深入参与到此类网络宣传中，并通过网络正向反馈等获得成就感，帮助其树立认同感和归属感。同时，结合少数民族农村青少年犯罪中涉财产犯罪较多的特点，向其提供在宣传民族文化中的部分体验项目，树立民族融合意识，也有利于在活动中引导、帮助其树立正确的财产观念和理财意识。例如，某县检察机关为保护被称为“东方踢踏舞”的非遗彝族舞蹈，推动将其融入当地中学校园课间操，在表演舞蹈时需手挽手进行，学生通过共同学习、练习，有效增进了团结、合作意识。

四、结语

从本文分析可以看出，新形势下青少年犯罪预防面临新的挑战，结合实践案件，对青少年犯罪进行更有针对性的分析，是更深入落实青少年犯罪预防“教育、感化、挽救”方针的有效途径。秉持着青少年犯罪预防及对策应当“因人施策”，极力避免“一刀切”的原则，应当将青少年犯罪群体进行更加细致的划分，运用更加灵活的犯罪预防和帮教措施。

目前，理论界有少量对少数民族农村青少年犯罪的研究，但多数以数据分析为主，缺乏运用司法机关实践案例和已开展的有效做法开展分析的研究。就 G 省少数民族农村未成年人检察案例来看，该地区青少年犯罪具有其特有的以财产犯罪为主、暴力犯罪下降等特性，从青少年身心发育等方面综合分析，少数民族农村地区青少年相较于发达地区和多民族共同生活地区青少年而言，其客观上存在认知能力较为受限、家庭和学校教育较为缺失等影响因素值得重视。对此，运用恢复性司法等更为灵活的司法方式以及为少数民族农村青少年寻求内心的认同感，是更细致帮教、预防青少年犯罪的有效途径之一。

未成年人校园欺凌案件的特点、成因及治理对策研究

——以L市2019年以来办理的校园欺凌案件为样本分析

吴松燕　樊婧婧　王莉莉*

校园欺凌，是指在校园内外学生间一方（个体或群体）单次或多次蓄意或恶意通过肢体、语言及网络等手段实施欺负、侮辱，造成另一方（个体或群体）身体和心理伤害、财产损失或精神损害等的事件。校园欺凌严重危害未成年人身心健康，需要全社会共同关注。

一、L市未成年人校园欺凌案件情况及特点

（一）基本情况

2019—2023年，L市共受理未成年人校园欺凌案件23件116人。其中，公安机关受理行政案件15件65人，检察机关受理审查起诉案件13件51人，占L市未成年人特别程序案件总人数的4.5%。

* 吴松燕，浙江省丽水市人民检察院第二检察部副主任、一级检察官；樊婧婧，浙江省丽水市人民检察院第六检察部一级检察官；王莉莉，浙江省丽水市人民检察院第六检察部检察官助理。

（二）案件特点

1. 案件总量先升后降。从近五年情况看，L市2019年共受理未成年人校园欺凌案件2件15人，2020年3件16人，2021年4件29人，2022年8件40人，2023年6件16人。L市未成年人校园欺凌案件总量呈先升后降趋势。

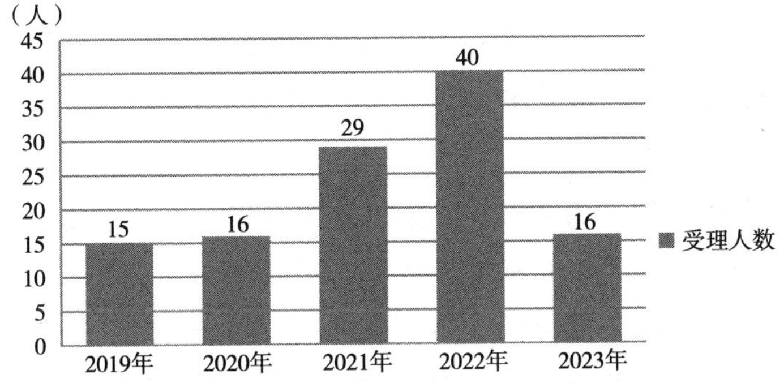

图1　L市未成年人校园欺凌案件受理情况

2. 地区分布不平衡。从L市情况看，L、S、J县校园欺凌案件人数排名前三，分别为45人、19人、16人，三地受理的案件人数占L市案件人数总量的68.9%。Q、N、Y县三地的案件人数排名后三，分别为5人、3人、1人。其中，L县与Y县受理的人数相差45倍，各地案件分布不平衡。

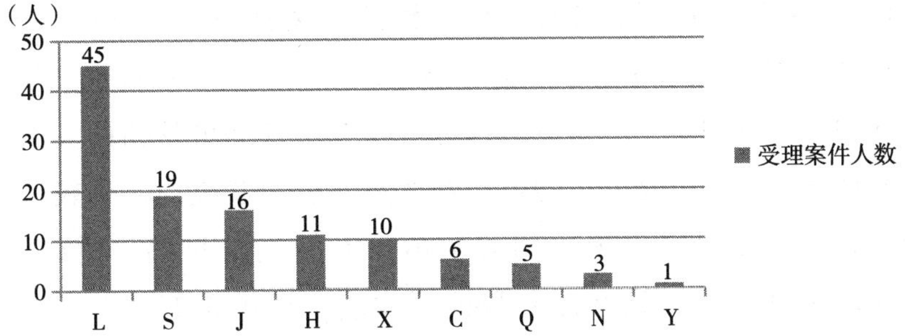

图2　基层未成年人校园欺凌案件受理情况

3. 案件类型较为集中。从近五年受理的校园欺凌案件情况看，公安机关受理的行政案件以殴打他人、寻衅滋事为主，分别为 33 人、31 人，占总受理数的 98.5%，另有 1 人涉网络欺凌。检察机关受理的审查起诉案件以寻衅滋事、故意伤害为主，分别为 33 人、13 人，占总受理数的 90.2%，另有聚众斗殴 3 人，欺凌后强奸 3 人。

4. 未成年人结伙作案现象突出。近五年来 L 市共受理结伙的未成年人校园欺凌案件 20 件 113 人，占未成年人校园欺凌案件的 87%，远高于普通共同犯罪占总受理案件的 28.4%。参与欺凌涉及最多的案件类型为寻衅滋事 61 人，故意伤害或者殴打他人 37 人，聚众斗殴 12 人，强奸 3 人。

5. 作案地以校外为主。L 市受理的未成年人校园欺凌案件中，有 8 件案发地在学校，占未成年人校园欺凌案件的 34.8%，其中发生地为教学楼的 4 件，宿舍的 3 件，篮球场的 1 件；15 件案发地在校外，占 65.2%，其中发生于街道偏僻角落等的有 8 件，公园、宾馆各 2 件，酒吧门口、地下室各 1 件，另有 1 件为网络欺凌。

6. 量刑以有期徒刑缓刑为主。从 L 市未成年人校园欺凌案件判决情况看，被判处 3 年以下有期徒刑的 2 人，占总判决人数的 12.5%；5 年以上有期徒刑的 3 人，占 18.7%；缓刑的 11 人，占 68.8%，呈现出以有期徒刑缓刑为主的量刑特点。

（三）涉案未成年人特点

1. 以男性为主。受理的 116 名校园欺凌涉案人员中，男性 97 人，占 83.6%，女性 19 人，占 16.4%，女性欺凌者年龄主要集中在 14—16 周岁，有 16 人。其中，有劣迹或者受过刑事处罚的 4 人，占总人数的 3.4%。值得关注的是，女性参与校园欺凌的比例较往年有所上升，主要原因在于现在的女生由于心智过于早熟、骄纵自负，导致欺凌事件上升，且女性参与校园欺凌主要围绕恋爱、相貌、人际关系等，一般采取诋毁、造谣、孤立她人等方式，实施言语欺凌、网络欺凌、关系欺凌等，肢体欺凌少于男性。

2. 年龄较为集中。涉案未成年人中，12—14 周岁的 6 人，14—16 周岁的 65 人，16—17 周岁的 38 人，17—18 周岁的 7 人。其中 14—16 周岁为未成年人校园欺凌行政案件的高发年龄，占 91.5%，16—17 周岁为未成年人校园欺凌刑事犯罪的高发年龄，占 84.4%。

3. 受教育水平偏低。从文化程度来看，初中以下（包括初中辍学或者“在籍不在学”）15 人，占 13%，初中文化，74 人，占 64%，高中文化 8 人，占 7%；职高 19 人，占 16%。学生参与人数有 106 人，占 91.4%，另有 10 人系学生进行校园欺凌时邀请社会上的未成年人共同参与。需要关注的两个问题：一是参与校园欺凌的学生学习成绩普遍不佳。部分欺凌者抱着“破罐子破摔”的心态实施校园欺凌，另有几人虽然有高中文化程度，但成绩垫底，上大学无望。二是“在籍不在学”问题严重。参与校园欺凌的学生中有一部分学生持续或间歇性请假，其实就是现阶段社会普遍关注的“隐形辍学”学生，这类学生处于“学校找不到、家长管不了、游离在社会”的状态，主要集中在初中二年级。这类学生只是学籍意义上仍然在校接受学校教育，其实早已游离于学校之外，长期缺少监管，极易走上违法犯罪的道路。

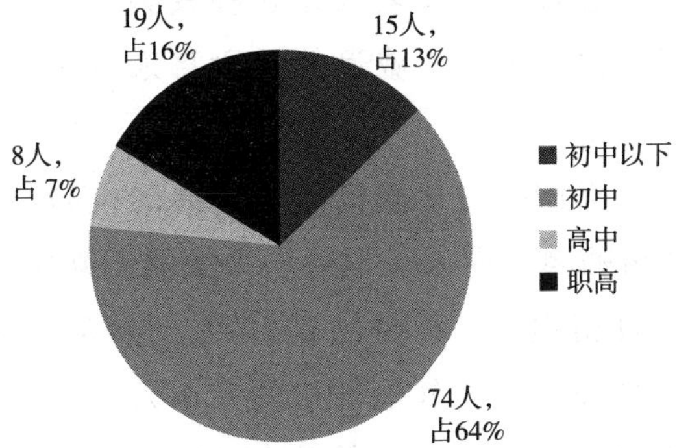

图 3　涉案未成年人文化水平

4. 监护教育问题普遍。涉案未成年人中，家庭关系淡漠，父母经济收入较低、受教育程度不佳较为普遍，监护教育问题堪忧。其中，父母离异或单亲的16 人，占13.8%，父母双方均外出务工的25人，占21.6%，父母以外的其他近亲属监护的3 人，占2.6%。

（四）被害人特点

1. 年龄较为集中。被欺凌者中，被害人年龄为12—14 周岁的5人，14—16 周岁的10 人，16—17 周岁的14 人，17—18 周岁的2人。其中，16—17 周岁为未成年人被欺凌的高发年龄段，占45.2%。

2. 女性被害人占比升高。从校园欺凌案件的被害人性别来看，2019年被害人男性为6 人，女性为3 人，女性占33.3%；2020 年均为男性，为3 人；2021 年男女各2 人，女性占50%；2022 年男性5 人，女性4人，女性占44.4%；2023 年男性4 人，女性2 人，女性占33.3%。被欺凌的对象从传统的男性为主逐渐转变为男女各占一半左右。

3. 留守儿童和城市随迁子女成为“重灾区”。办理案件中，留守儿童为被害人的有9 人，占比29%，城市随迁子女为被害人的有7人，占比22.6%，这两部分被害人占到一半以上。这两类被害人的监护状况往往形同虚设，欺凌者大多选择其独自回家或者无人看管之机，采取强行带离、哄骗、威逼等手段将未成年被害人骗至隐蔽处或者宾馆进行欺凌。

4. 性格内向、孤僻的占比较高。从查办的校园欺凌案件中被害人性格来看，性格腼腆、内向，不善与人交流的被欺凌者占比较高。31 名被害人中，性格内向、孤僻的有20 人，占64.5%，性格开朗、活泼的有7 人，占22.6%，其他性格的有4 人，占12.9%。需要注意的是，性格开朗、活泼的人之所以也会遭受校园欺凌，通常是因为其在班级中比较调皮，引起老师的特别关注，而老师特别关注或不太喜欢的学生也容易成为校园欺凌的受害者。

通过上述分析，可以发现校园欺凌的欺凌者与被欺凌者在教育经历、年龄结构、家庭情况等方面有一定相似性，在特定条件下部分受欺凌者可能转化成欺凌者。例如，在严某殴打他人案件中，严某在遭受周某、郑某等人欺凌后，加入欺凌同学的队伍，伙同郑某、叶某等人转头欺凌周某。

二、未成年人校园欺凌案件发生及受害原因分析

（一）发生原因分析

1. 思想片面局限，易被外界影响。一是生理、心理特殊。未成年人正处于生理发育和心理成长阶段，好奇心与模仿能力较强，明辨是非能力差，思想单纯、行为简单，抗御外界诱惑能力较低，价值观、权利观、社会观容易受外界影响，往往被特定情境刺激引发情绪上的波动，进而进行校园欺凌犯罪。二是法治观念淡薄。一些欺凌者怠于学习法律知识，认为法律遥不可及，没有实用性，或对法律知识完全没有认知，导致缺乏正确观念，误入歧途。例如，在唐某等人寻衅滋事案件中，唐某错误地认为其只是去帮同学助威，参与拉扯，没有对被害人进行殴打就不会受到处罚。三是结交不良群体。一些欺凌者在脱离学校、家庭监管时接触到社会不良群体，进而拉帮结派、相互模仿，形成错误的价值观念，容易在不良群体的怂恿下突破法律底线，或在盲目攀比心理驱使下实施欺凌，进而走上违法犯罪的道路。例如，在周某、陈某等6人殴打他人案件中，陈某等5人就是因为结交了社会青年周某，在周某的带领和怂恿下欺凌同学。

2. 家庭结构缺失，监管教育不当。未成年人尚未独立而仍然生活在家庭环境之中，且其身心发育尚在进行中，更容易受到不健康

家庭因素的影响。[①] 一是监护缺失。在涉案未成年人中，很大一部分父母忙于生计，外出打工，形成留守儿童群体，这些未成年人缺少家庭教育和关爱，缺乏交流、学习的对象，容易导致道德和法治观念淡薄，冷漠残忍，无法树立是非观念。从 L 市校园欺凌案件可以看出，欺凌者监护缺失占据一半以上比重。二是问题家庭的影响。婚外情、离异单亲家庭、犯罪家庭等现象不断增多，这些家庭一旦没有妥当安抚好未成年人的情绪，就容易导致未成年人在心理上产生恐惧、焦虑和缺乏归属感，容易在成长过程中伴有性格缺陷和人格障碍。三是教育手段不当。部分父母缺乏与子女的感情沟通，以过于溺爱或过于严厉的态度管教子女，滋生了部分未成年人自私自利、自我放纵等不良品性，一旦家庭无法满足其欲望，便通过欺凌同学满足私欲。例如，在郑某寻衅滋事案件中，郑某就是因为父母给的零花钱难以满足其日常挥霍，故以不给钱就殴打的方式，多次向多名同学强拿硬要财物。

3. 学校管理不力，存在“隐形辍学”问题。一是部分学校法治教育薄弱。受升学率等指标因素影响，初中阶段学校教育往往更加重视学生学习成绩，对学生的法治教育相对欠缺，造成部分学生升学无基础、就业无能力，成为“问题学生”，最终一步步踏入犯罪的深渊。二是学校监管和社会监管衔接不到位。学校和社会对处于义务教育阶段的未成年人“隐形辍学”行为管控不够到位，“隐形辍学”现象呈上升趋势，这部分未成年人过早混迹社会后，逐步发展成欺凌同学。例如，金某寻衅滋事案，即是以“隐形辍学”的未成年人吴某为导火索，其在混迹社会的过程中，因为感情问题，伙同金某等 10 余人将同学校的小玉（化名）强行带至宾馆进行侮辱和精神欺凌。三是预防校园欺凌工作不到位。纪律处分权是学校管理学生的重要手段，但对处于义务教育阶段的中小学生，学校的纪律处

① 吴宗宪：《西方犯罪学》，法律出版社 2012 年版，第 213 页。

分往往不痛不痒，无法发挥预防和处置校园欺凌的作用。[①] 部分学校也没有开展系统性、有针对性的预防校园欺凌教育，未建立起有效的预防机制，导致欺凌事件频发。

4. 社会监管不严，不良诱惑较多。一是网络不良信息泛滥。随着互联网的日益普及，网络上的负面信息越来越成为未成年人犯罪案件中的重要诱因。[②] 目前，未成年人接触网络的年龄越来越小，很多未成年人沉迷网络，接触涉黄、涉暴等网络不良信息，引发一系列生理、心理问题，进而模仿不良信息欺凌其他同学。二是娱乐场所管理不严。部分酒吧、KTV 等娱乐场所混乱复杂，对未成年人进出及活动管理不严，随意让未成年人出入，无过滤浏览互联网，致使其越陷越深。部分未成年人在娱乐场所染上吸烟、喝酒等恶习，拉帮结派进行校园欺凌。如王某等三人强奸案中，王某就是在酒吧和卢某、陈某一起喝酒后拉帮结派将被害人小红（化名）哄骗至宾馆欺凌，后三人又将小红轮奸。三是宾馆登记入住管理不严。发生在宾馆的两件校园欺凌案件中，未成年人未经监护人同意即可登记入住，而且出现男女混住、多人入住的情况，旅馆业落实接待未成年人入住“五必须”[③] 的制度形同虚设。

5. 法治作用不足，刑事威慑不够。一是对未成年人普遍适用行政处罚不予执行。部分未成年犯罪嫌疑人在犯罪之前已有行政处罚记录，但是因为行为发生时未满 16 周岁，公安机关虽作出行政拘留决定但不予执行，另有部分未成年人行为发生时未满 14 周岁，公安机关只能采取批评教育，责令家长严加管教的方式。这种处理方式，对于这些已经出现严重不良行为和处于犯罪临界点的未成年人，客观上强化了未

---

① 颜湘颖、姚建龙：《“宽容而不纵容”的校园欺凌治理机制研究——中小学校园欺凌现象的法学思考》，载《中国教育学刊》2017 年第 1 期。

② 刘艳红：《江苏省预防未成年人犯罪的立法重点分析——以江苏省 N 市未成年人犯罪状况调研分析为基础》，载《青少年犯罪问题》2015 年第 4 期。

③ “五必须”是指旅馆经营者接待未成年人入住时必须查验未成年人身份证、必须询问未成年人父母或者其他监护人的联系方式、必须询问同住人员身份关系情况、必须加强安全巡查和访客管理、必须立即向公安机关报告可疑情况。

成年人“违法不需要承担责任”的侥幸心理，对法律和规则更加缺乏敬畏之心。二是从轻处罚导致刑事威慑力不足。“教育为主、惩罚为辅”的未成年人从轻处罚原则，使得部分未成年人利用自己未成年人的身份多次欺凌学生，而且即便因此构成犯罪，也往往因为学生的原因适用附条件不起诉、相对不起诉或者非监禁刑，导致威慑力不足。三是行为矫治未落实到位。一方面，L 市没有针对未成年人行为矫治的专门学校，难以满足不断增长的涉罪未成年人矫治需要，潜在的犯罪人数量不降反增。另一方面，观护帮教基地对未成年人的帮教存在针对性不强、帮教措施单一、帮教效果不佳等问题，无法有效促使涉罪未成年人真诚认罪悔罪、改过自新，重新融入社会。

（二）未成年人受校园欺凌原因分析

1. 失管现象严重。从 L 市受欺凌的未成年被害人来看，大多家庭经济条件较差，基本都是外来或外出务工人员子女，平时父母忙于生计，无暇顾及子女生活，无法给予其足够的关照和爱护，很多孩子在寄宿学校读书，或者随祖父母长大，缺乏良好的沟通，不能及时发现未成年子女生理、心理的变化和需求，有的未成年人甚至自理生活，处于失管状态，放学后独自回家，更易成为校园欺凌的目标。这些未成年人在遭受校园欺凌后也无法及时向家长反映，继而再次受到伤害。

2. 学校监护不力。从查办案件来看，学校是校园欺凌案件高发地点之一。2019—2023 年，L 市查办的校园欺凌案件中，发生在校园内的有 8 件。部分学校监管不严，甚至出现发生在宿舍的校园欺凌案件，而学校却不知情的情况。如查办的林某等 6 人到被害人叶某等 3 人宿舍进行欺凌的寻衅滋事案，该案造成柯某轻伤二级的后果，人民法院在处理人身损害赔偿诉讼过程中发现该案可能涉嫌犯罪，遂移送公安机关而案发。该案直至案件立案侦查校方都不知晓，反映出校园日常安全管理及监护严重缺失。

3. 自我保护意识淡薄。从被欺凌的未成年人来看，大部分受害未成年人缺乏基础的法律知识和自我保护意识，甚至不知道自己受到了欺凌应报告学校、告知家长。如郑某寻衅滋事案，三名被害人中有两人先后遭受郑某欺凌两次、一人三次，三名被害人均未告知家长或者报告学校。另有部分未成年人因自身不良生活习气，如贪玩、虚荣、随意交友等，被人利用而成为欺凌的对象。如金某寻衅滋事案，被害人吕某被人利用、诱骗参与卖淫，被同学知晓后遭到嘲笑，后被其他混迹社会的"隐形辍学"的未成年人欺凌。

4. 自身性格原因。相关办案数据反映性格内向、孤僻的人更容易遭受校园欺凌。这部分学生平时难以融入班集体的活动，也很少有关系密切的同学，而且其在遭受欺凌后往往很难获得其他同学的援助，其他同学大多采取旁观者看热闹的态度，有的甚至指指点点，各种嘲笑，推波助澜，使得其更容易受到校园欺凌的侵害。如李某殴打他人案，被害人叶某在校园篮球场遭受李某殴打，但是其他同学无一人劝架、帮忙，全程旁观。

三、遏制校园欺凌的对策建议

（一）强化家庭教育第一责任

1. 督促未成年人的监护人切实履行监护职责。家庭是人生的第一所学校，预防校园欺凌，必须落实好家长的教育责任。《未成年人保护法》第118条规定，未成年人的父母或其他监护人不依法履行监护职责或侵犯未成年人合法权益的，由其居住地的居民委员会、村民委员会予以劝诫、制止。实践中，司法机关在办案时如发现监护人不依法履行监护职责的，应当责令监护人接受家庭教育指导。

2. 开展常态化家庭教育指导。建议将家庭教育指导服务纳入教师业务培训内容，建立切实可行的家校联动机制，每年定期对父母或者其他监护人开展常态化的家庭教育指导。针对在校有违纪、不良行为、严重不良行为的学生，可另行开设专门的法治课程，以及提供一对一的家庭教育指导服务。

3. 加强新时代家风建设。习近平总书记指出，“家风好，就能家道兴盛、和顺美满；家风差，难免殃及子孙、贻害社会”。家风是一个家庭中的风气，是给家中后人树立的价值准则，良好的家风更是无言的教育，身行一例，胜似千言。家庭是人生的第一课堂，要加强家风建设，家长就要担负起家庭教育之责，帮助子女扣好人生的第一粒扣子，做子女的模范，形成和谐的父母子女关系和温馨的家庭氛围，从源头上预防校园欺凌和暴力行为的发生。

（二）分级教育，增加相关处罚措施

1. 多元处罚。充分发挥现有的《刑法》《治安管理处罚法》《未成年人保护法》《预防未成年人犯罪法》等法律的惩罚与震慑作用，明确欺凌的多元处罚措施。针对我国目前只有单一刑罚处罚形式的问题，可以借鉴国外“以教代刑”的制度设计，教育矫治未成年人。

2. 采取“学分制”矫治教育。对符合不起诉条件的未成年犯罪嫌疑人，采取“学分制”管理方式，设置身心健康、行为规范、学业素养、实践能力、志愿服务等多项指标，综合观察学生在校或者在帮教机构期间的成绩、认知、工作态度等指标，进行相应的积分，综合评估后做出是否不起诉的决定。

3. 加强专门学校建设。落实修订后的《预防未成年人犯罪法》，将未达刑事责任年龄但实施严重不良行为的未成年人送至专门学校进行矫治教育。鉴于 L 市目前无专门学校的现状，各职能部门应加强配合协作，争取在政府统筹安排下早日建成专门学校并投入使用。

（三）数字赋能，构建专业服务体系

1. 建立校园欺凌数据库。发挥好未成年人保护工作委员会成员单位职责，完善与政府的线索移送、联合调查、案件通报、联席会

议、信息交流、专业咨询等信息共享和工作联系机制。[①] 建议由教育、公安、检察、法院、民政、网信等部门每学期定期向未保委提供校园欺凌的相关数据，由未保委根据欺凌事件发生的原因、程度、影响进行A、B、C、D四类分类管理，发挥好大数据的作用，为防范校园欺凌与学校预防和治理校园欺凌提供相关数据支持，进一步增强治理的有效性。

2. 建立反校园欺凌专业网站。建议由教育局建立反校园欺凌专业网站，利用网站宣传校园欺凌的基本知识、预防和应对校园欺凌的策略、研究成果、志愿服务、在线咨询服务活动等。在网站主页设置举报端口，鼓励学生面对校园欺凌行为时进行匿名举报，防止校园欺凌事件进一步扩大和恶化。

（四）建立机制，加强依法治校能力

1. 建立校园安全预警评估机制。建立事前预防、事中及时处理、事后快速跟进的高效预警评估处理机制。在发现校园欺凌相关线索后，学校应立即进行调查并采取相应的应急处理措施，将危害降到最低。对于可能涉嫌犯罪或者属于治安案件的，应当第一时间向公安机关报警。检察机关也应重点参与涉校园欺凌未成年人的家庭、学校环境治理，督促学校制订详细可行的防治校园欺凌方案。[②]

2. 培育校园法育氛围。一方面要优化德育教育的内容和形式，另一方面要强化法治教育，从环境建设、制度公约、活动设计、课程建设等方面着手，建设涵养正气、培育勇气、提升和气的校园氛围。科学制定学生防范校园欺凌教学课程，认真落实《青少年法治教育大纲》，邀请公、检、法等司法部门的人员担任法治副校长，常

---

① 苑宁宁：《打造更加健全、规范、专业的未检4.0》，载http：//spp. gov. cn/spp/llyj/202105/t20210527_519322. shtml。

② 王贞会、林苗、胡发清：《校园欺凌的现象观察及其治理路径重塑》，载《中国青年研究》2021年第3期。

态化开展以“防范校园欺凌”为主题的法治进校园活动，强化学生的法律意识，树立在法规与制度面前，不允许越雷池半步的敬畏之心。同时，开展多种形式的润物细无声的法治教育，如开展班会课、模拟法庭、辩论社团、自我保护教育等活动，引导学生形成反欺凌意识、自我保护意识，不做冷漠的旁观者，构建和谐的同学关系。

3. 提高教师依法执教能力。治理校园欺凌，教师是核心力量。学校要加大力度，利用好教学资源，组织教师每学年开展校园欺凌防控与危机管理专项培训，把防范处置校园欺凌主题融入班主任、德育干部和新任教师培训中，重点提升早期干预、询问技术、法律常识、研判水平、行为矫正等能力，开展案例研究、沙盘模拟、研制完善各部门校园欺凌处置应急流程。提升教师应对突发事件的技能、与学生的沟通交流能力，及时发现和预防学生的异常行为，杜绝不安全因素的产生，构建和谐的师生关系。

4. 切实担负起控辍保学的责任。父母或其他监护人无正当理由未送适龄儿童入学接受义务教育或造成辍学的，教育部门要及时介入，查明原因，做好劝返工作，切不可采取放任不管或者默许“隐形辍学”的方式。对于多次劝返仍不返校的学生，要及时将名单通报给学生户籍所在乡镇，通过行政力量约束家长履行监管职责，督促学生完成义务教育。

（五）加强防控，营造健康社会环境

1. 加强社会文化防控。对于校园欺凌的产生，暴力文化、亚文化的负面影响是重要因素之一。因此，要有效根治校园欺凌，必须创造健康向上的社会文化环境。相关部门要通力协作、齐抓共管，加大对社会文化活动、网络游戏、影视作品、短视频、网络页面等的管控，尤其是加强对青少年电视节目、影视作品、短视频的分级管理，坚决杜绝暴力文化在青少年群体中传播。

2. 规制媒体报道。文化部门要加大对媒体的监管力度，引导媒

体对欺凌事件进行正确、客观、适度的报道，避免校园欺凌事件视频传播，防止因网络传播等因素导致欺凌事件蔓延、矛盾升级扩大，严防网络暴力和过度关注，避免对受欺凌者造成二次伤害。短视频、社交等媒体平台应承担传播审核责任，设置未成年人欺凌视频监控系统，启动禁流和向公安机关强制报告程序，最大程度最快速度消减对被欺凌者的伤害。最后媒体报道要注意保护好被害学生的个人及其家庭信息，防止出现网络暴力。

3. 加强重点场所的管控。公安机关要加强旅馆业接待未成年人入住“五必须”规定的落实，制定“五必须”落实的职责清单，把“五必须”作为旅馆业日常检查的“必查科目”，持续开展专项检查和常态化暗访检查，及时清除安全隐患，全力保护未成年人健康成长，对违反“五必须”的旅馆业一律从严从重处罚；相关执法部门要加强特殊场所接纳未成年人的执法力度，督促酒吧、网吧、KTV等场所入口处的明显位置放置“未成年人禁止进入”的警示牌，前台工作人员要做好核实身份证的工作，对于落实不到位的，接纳未成年人出入的，按照情节不同，给予吊销、暂扣营业执照、停业整顿、高额罚款等行政处罚措施，情节严重构成犯罪的，应当及时移交司法部门，提高重点场所违规经营成本，倒逼合法合规经营。

总之，校园欺凌的发生涉及家庭、学校、社会、网络、学生自身等多个方面的原因。因此，治理校园欺凌必须对症下药、标本兼治，注重事前、事中、事后三个环节，坚持预防为主、惩教并举的原则，方可从源头上遏制校园欺凌的发生。

性侵未成年人犯罪调研报告
——以 X 市检察机关办理案件为样本分析

李美霖　李津津*

未成年人是祖国的未来、民族的希望，党和国家历来高度重视未成年人保护事业，社会各界对此也高度关注。习近平总书记明确要求“对损害少年儿童权益、破坏少年儿童身心健康的言行，要坚决防止和依法打击”。涉及性侵未成年人的犯罪案件严重损害未成年人合法权益，人民群众深恶痛绝，社会反映强烈。此次调研通过收集与整理 X 市两级检察机关 2021 年至 2024 年 6 月受理和审查的性侵未成年人犯罪案件数据与信息，能够相对有效地分析当前性侵未成年人犯罪及遭受性侵的未成年被害人两方面的状况与特征。在现状分析的前提下，从犯罪原因方面展开分析，进一步明确性侵未成年人犯罪的治理重点与方向，从当下司法治理的角度提出预防建议，以期制定合理的、有针对性的刑事政策与预防措施，为有效惩治性侵未成年人犯罪提供制度保障。

一、性侵未成年人案件基本情况

（一）总体情况

2021 年至 2024 年 6 月，X 市两级检察机关共计受理审查起诉性

* 李美霖，福建省厦门市思明区人民检察院第二检察部三级检察官助理；李津津，福建省厦门市人民检察院第九检察部副主任、四级高级检察官。

侵未成年人案件508件568人，其中，2021年132件144人，2022年122件139人，2023年178件202人，2024年上半年76件83人，性侵未成年人案件总体呈现上升趋势。

（二）罪名分布

在性侵未成年人犯罪案件中，按行为性质分布，犯罪人数排名前三位的罪名分别为猥亵犯罪（含强制猥亵、侮辱罪和猥亵儿童罪）、强奸罪、性交易犯罪（含组织卖淫罪，强迫卖淫罪，协助组织卖淫罪，引诱、容留、介绍卖淫罪），合计分别为332人、258人、50人，占性侵未成年人犯罪总人数的58.45%、45.42%和8.80%。按具体罪名分布，犯罪人数排名前三位的罪名为强奸罪、猥亵儿童罪和强制猥亵、侮辱罪，合计分别为258人、234人、98人，占性侵未成年人犯罪总人数的45.42%、41.20%和17.25%。

二、性侵未成年人案件特点

（一）犯罪人以男性为主，低龄化、在校生犯罪需警惕

568名犯罪人中，男性537人，占94.54%，女性31人，占5.46%。

表1　女性犯罪人涉案情况　　单位：人

年份	强迫卖淫	引诱、容留、介绍卖淫	强制猥亵、侮辱罪	强奸罪	猥亵儿童
2021年	3	3	2	1	1
2022年		1		6	1
2023年	4	6	6		
2024年上半年		1	3	1	
合计	7	11	11	8	2

女性犯罪人主要为了牟利而参与性剥削侵害未成年人的共同犯罪活动，在其中实施引诱、教唆犯罪行为。如陈某某伙同他人为牟利诱骗被害未成年人卖淫，后以殴打、威胁手段强迫多名被害人卖淫，前后时间长达近一年。又如，龚某某为牟利伙同他人威胁、利诱年仅 12 周岁的被害人与他人发生关系，在事后意图以“仙人跳”模式勒索他人钱财，未果后竟主动报警致案发，共同犯罪的 7 人中有 4 人为女性。上述两案中的主犯均系女性犯罪人。

犯罪人年龄层次按比例分布依次为：14—17 周岁的未成年人 116 人，占 20.42%；18—30 周岁 201 人，占 35.39%；31—40 周岁 99 人，占 17.43%；41—50 周岁 57 人，占 10.04%；51—60 周岁 68 人，占 11.97%；61 周岁以上 22 人，占 3.87%，年龄最大的为 88 周岁。

由上可见，低于 40 周岁的年龄占比为 73.24%，占性侵犯罪的绝大多数。未成年人实施性侵犯罪占比超二成，排在各年龄段的第二位，其中因恋爱关系与幼女发生性关系从而构成犯罪的占比较大，占未成年男性性侵犯罪的 31.87%。在校生性侵犯罪共 50 人，占 8.8%。

上述情况反映出作案人员年龄跨度大，涵盖了各个年龄阶段，尤以 40 周岁以下的年龄占比高，性侵犯罪低龄化、在校生性侵犯罪多发都需引起重视。

（二）熟人作案及多次作案比例高，涉教育领域从业人员犯罪需引起重视

犯罪人与被害人相识的作案占比较高，共计 389 人，占 68.49%。通过对熟人作案案件进一步分析可见，情侣、朋友关系的占比最高，为 25.96%，此类关系中 90% 以上系自愿发生性关系，但由于被害人是未满 14 周岁的幼女，不具有性承诺权，根据法律规定亦构成强奸罪。网友关系占据第二，占 16.45%，体现出未成年被害

人在网络交友过程中自我保护意识较为欠缺。监护关系的占5.14%，相较于陌生人作案，监护人或密切联系人侵害案件因其与被害人关系的特殊性，往往更具隐蔽性，又因被害人不敢反抗或因担心家庭失去生活来源等特殊心理而不能反抗，进而导致犯罪持续时间更久、对被害人造成生理与心理上更大的伤害，甚至造成被害人自残、自杀等严重后果。例如，于某猥亵儿童案，犯罪人利用继父身份多次猥亵被害人并拍摄敏感部位照片，造成被害人自残、自杀（未遂）等严重后果；又如，王某某强奸案中，犯罪人利用继父身份及被害人害怕心理，长期、多次对被害人实施猥亵和强奸行为，对被害人实施精神控制，而被害人母亲以担心女儿名誉受损及依赖犯罪人解决生活来源、治病等为由阻止被害人报警，进一步加剧了被害人心理创伤。再如，何某强制猥亵案中，颜某某因担心何某和母亲所生的妹妹失去父亲，长期忍受何某的强制猥亵却不敢报警。

此外，邻居、教师、培训机构及托儿从业、保安物业人员，各占熟人作案的9%、5.97%、2.31%、1.03%。此类案件中，熟人作案往往还具有长期、多次作案的特点。犯罪嫌疑人中有4人持续作案长达1—2年，对被害人侵害程度较重。

上述情况反映出熟人身份实施性侵的情况需引起高度重视，未成年人及其监护人的防范意识亟须提高。在办理负有特殊职责的人员性侵案件的同时还应提高监护支持力度。

表2 单位：人

关系	2021年	2022年	2023年	2024年上半年	总计
男女朋友	25	21	22	16	84
朋友	5	2	7	3	17
监护、共同居住人	6	7	4	3	20
邻居	9	9	12	5	35
老师	7	7	7	2	23

续表

关系	2021 年	2022 年	2023 年	2024 年上半年	总计
培训机构、托儿班	0	4	2	3	9
保安	0	0	4	0	4
被害人父母的朋友、亲戚	6	7	14	1	28
陪侍场所接触到的人	0	3	2	1	6
网友	20	12	26	6	64

（三）性侵犯罪人再犯比例较高

犯罪人中有犯罪前科劣迹的有 99 人，其中 33 人系有性侵犯罪前科劣迹，再犯间隔时间不等，其中再次性犯罪最短间隔 4 个月，1 人因性侵犯罪取保候审期间再次实施性侵犯罪。可见相较于其他犯罪，性犯罪的偶然性和随机性较低，重复犯罪率较高。

表 3

单位：人

	2021 年	2022 年	2023 年	2024 年上半年	合计
前科	17（7）	21（9）	29（9）	8（1）	75（26）
劣迹	5（1）	4（1）	9（3）	6（2）	24（7）
合计	22（8）	25（10）	38（12）	14（3）	99（33）

（四）犯罪人文化程度总体偏低，非本地户籍占多数

性侵未成年人案件犯罪人中有 148 人户籍为本地，420 人户籍为外地。外地户籍占犯罪人总人数的 74%。

表 4

单位：人

	2021 年	2022 年	2023 年	2024 年上半年	合计
本市	31	38	58	21	148
外地	113	101	144	62	420

文化程度方面，小学及以下文化101人，占17.78%；初中文化282人，占49.82%；高中及以上文化185人，占32.57%。性侵犯罪与文化程度的高低未见明显的关联性。

表5 单位：人

	2021年	2022年	2023年	2024年上半年	合计
小学、文盲	24	28	36	13	101
初中	76	66	99	41	282
高职、职高、高中、中专、技校	28	26	35	16	105
本科、专科	15	18	32	13	78
硕士	1	1	0	0	2

（五）案发地点体现出家庭监护、校园管理及行业治理存在监管必要

案发地点为被告人处（含暂住处及车上）的人数最多，达207人，占706名被害人总数的29.32%；案发地点为被害人（暂）住处的人数80人，占比11.33%；案发地点为道路上、小巷子、公厕、小树林等偏僻处的，与案发地点为宾馆、旅店、酒店住宿处的接近持平，涉案被害未成年人数分别为65人、64人，分别占比9.21%、9.07%。

表6 单位：人

	2021年	2022年	2023年	2024年上半年	总计
被告人（暂）住处、车上	53	46	67	41	207
被害人（暂）住处	21	22	26	11	80
道路上、小巷子、公厕、小树林等偏僻处	16	18	22	9	65
宾馆、旅店、酒店住宿处	19	18	19	8	64
小区及周边	10	18	18	3	49
酒吧、KTV等娱乐场所	9	9	7	0	25
公交车上	2	5	4	5	16

首先，案发地为私人住所（含车辆）的居首位。性侵害多发生在一对一的场合，住所、车辆作为私密场所，具有天然的隐蔽性，被害人更容易放松警惕，犯罪嫌疑人更易得手。其次旅馆、酒店等住宿处、上下学道路上、小巷子、公厕、小树林等偏僻处也是案件多发地点。如个别犯罪人因校园周边上下学道路孩子多、好下手，蹲守在学校周边伺机实施猥亵。部分未成年被害人因在酒吧等娱乐场所饮酒或从事有偿陪侍，增加了被侵害的风险。体现出家庭监护、校园周边管理存在一定缺失，酒吧等不宜未成年人进入的场所违反规定接纳未成年人进入甚至雇佣未成年人就业，旅馆、酒店等住宿行业对于未成年人入住的登记询问等要求未落实到位，甚至出现犯罪人重复选择同一旅馆作为作案场所的情况。

（六）作案手段以非暴力为主，侵害时间长、侵害次数多的案件占比较大，需引起重视

强奸案件中，采用暴力手段实施侵害的案件被害人有 73 人，在 230 名被害人中占 31.74%。强制猥亵犯罪虽是使用强制方法，但相较于成年被害人，暴力程度较轻，部分案件系趁人不备，来不及反抗之机实施侵害。猥亵儿童案件则鲜少采用暴力手段，而是利用儿童对性的懵懂无知，以零食、玩具、做游戏、看宠物等手段诱骗幼童，进而实施猥亵侵害。

一些犯罪嫌疑人长期、多次性侵害一名或数名未成年人，犯罪情节恶劣、社会危害性大，给被害人身心健康带来严重创伤。被多次侵害的被害人有 192 人，占比 27.2%。侵害行为持续时间达一年以上的涉案被害人有 60 人，占比 8.5%，其中犯罪时间跨度最长的长达 12 年。被害人因遭受性侵而怀孕的有 18 人，其中 6 人生产，其余进行了引产、流产，生产或流产的被害人年龄最小的仅 12 周岁，给被害人造成了严重的身体伤害。

（七）12—13周岁年龄段受害人占比最高，男性遭性侵问题亦不容忽视

从被害人年龄分布来看，占比最大的为12—13周岁年龄段，共计227人，占比达32.15%。其余按占比从多到少依次为：14—17周岁年龄段的有191人，占比27.05%；0—9周岁年龄段的有181人，占比25.64%；10—11周岁年龄段的有107人，占比15.16%。

表7　　单位：人

	2021年	2022年	2023年	2024年上半年	总计
0－9周岁	46	44	61	30	181
10－11周岁	38	17	32	20	107
12－13周岁	75	56	71	25	227
14－17周岁	42	51	70	28	191

上述情况反映出12—13周岁是最易遭受性侵害的年龄段，各方应进一步加强监护，提高未成年人自我保护意识和能力。

508件案件共涉及706名被害人，其中，女性被害人663人，占比93.91%；男性被害人43人，占比6.09%。

（八）利用社交软件作为犯罪媒介成为新趋势

社交软件以其自由性和开放性吸引了大量未成年人使用，但未成年人由于自我保护意识弱、好奇心强，易被犯罪分子利用或选择成为犯罪对象。在508件案件中有99件案件的犯罪人是通过网络聊天、直播软件认识受害人的，占比19.49%；涉及被害人136人，占比19.26%，均约占到1/5。个别系被害人主动邀约发生侵害。例如，被害人邓某某先后通过网络结识男性并邀约线下见面，或主动邀约发生关系或遭受猥亵侵害，是3件案件的被害人。办理的案件中涉及

网络“隔空猥亵”的有 13 件，被害人有 36 人。如陈某某冒用演艺公司名义发布虚假招聘童星广告信息，诱骗被害人添加 QQ 好友，骗取被害人信任后以进行面试需要脱光衣服检查身体比例、发育情况、定制衣服等为由，先后对 10 余名不满 14 周岁的儿童以视频裸聊等方式进行猥亵。

上述情况反映出虽然涉网络犯罪总体占比不高，但随着手机及网络使用的日益普及，未成年人因不当使用媒体社交软件引发犯罪的问题也应当引起高度重视。

三、性侵未成年人案件原因分析

（一）部分未成年人价值观出现偏差

部分性侵案件的施害者即为未成年人。14—17 周岁的未成年人身心发育尚未成熟，缺乏自制力，易受到外界因素的影响，加之法律意识淡薄，在青春期的好奇心和性冲动下实施性侵犯罪。部分未成年人无正确的价值观和性观念，易受不良朋辈诱导走上违法犯罪道路。如陈某某年仅 17 周岁，伙同他人诱骗、强迫多名未成年人从事卖淫活动，时间长达近一年，最终被判处 10 年有期徒刑，而受害未成年人最初也是自愿参与卖淫活动的。又如纪某某强奸、强制猥亵案中，犯罪人通过社交软件发布虚假招聘兼职模特信息，哄骗未成年被害人拍摄照片，进而约至线下伺机实施性侵，涉案未成年被害人受物质利益诱惑均自愿配合拍摄色情照片，道德认知模糊，性观念缺乏正确引导，导致其身心遭受侵害。

（二）未成年人性侵害防范教育缺失

部分被害人的监护人缺乏对子女性教育意识，未对孩子开展系统全面的性教育和性侵害预防教育，未成年人特别是学龄前未成年人缺乏自护和防范意识，因诱骗遭受性侵害。学校作为未成年人接受教育的最重要场所，存在对学生开展性教育、心理健康教育、法治教育缺乏系统性、教育内容和方式滞后等问题。部分未成年人缺乏自我防范意识和防性侵自护手段，脱离有效监护，随意外出留宿或出入娱乐场所醉酒而遭受侵害，甚至部分被害人长期、多次遭受性侵害，却不知道如何维权。相当一部分幼女系因恋爱关系而遭受性侵，基于早恋对性侵行为持积极配合态度，甚至主动邀约发生关系。如朱某某强奸案，就读于技术学校的未成年当事人双方恋爱，因为缺乏基本的性常识，导致被害人怀孕八个多月才案发，年仅13周岁即被迫生子。性教育是贯穿人一生的教育，不仅关乎人身安全，也关系到人生观和价值观，影响今后的生活，可根据年龄层次设置不同的性教育课程。

（三）家长对未成年人监护缺失、监护不力

家长对未成年人监护职责履行不到位，往往导致未成年人走上犯罪道路或成为被侵害对象。部分监护人由于自身疏忽或因工作原因，对未成年子女疏于看护照料，部分低龄未成年人在玩耍时遭受侵害。委托朋友、乡邻、亲戚等临时照料，缺乏跟踪监督和对受托人品行的考察了解，导致未成年子女被受托人性侵。如邓某某强奸、猥亵儿童案，犯罪人利用自己与两名被害人具有亲属关系、短暂寄宿在被害人家中以及被害人父母对两名被害人疏于照护等条件，采用辅导作业、借手机玩游戏、接送放学、购买物品等方式，取得被害人的信任和依赖后实施性侵害长达9个月。监护人、同居亲属、重组家庭中同居男友、继父等共同居住人实施侵害案件中，侵害人利用优势地位，长期多次对未成年被害人实施性侵，被害人自救意识和能力欠缺，案发和救助不及时、心理受到严重伤害的问题突出。近年来已办理此类案件17件。

（四）个别学校存在安全管理漏洞

个别学校在入职审查、日常巡查等方面未严格执行校园安全管理

规定，安全责任落实不到位，对教师师德品格、管理水平等方面重视不够，个别涉外案件中外籍教师未取得来华工作资质，道德管理和法治教育欠缺，导致教师及职工性侵未成年学生恶性案件的发生。如张某某猥亵儿童案，张某某作为学校体育教练，以办事、谈话、放松等为由创造与被害人独处的机会，先后对多名未成年人实施猥亵，并以决定参赛名额、影响个人前途及自身严厉教学风格等方法胁迫被害人不敢反抗，犯罪时间持续近两年，并意图引导被害人做虚假陈述以脱罪，影响恶劣。又如秦某某猥亵儿童案，秦某某在担任教师期间，实施了猥亵儿童的行为，至案发后经侦查机关调查，校方才发现秦某某未取得来华工作许可、相关签证和工作类居留证，违规任职长达三年，且该校聘任秦某某后未按规定进行外籍教师备案，暴露出校方入职审查不严，未尽到外籍教师准入把关责任的管理漏洞。

（五）相关重点领域管理不完善

性侵未成年人犯罪频发也凸显了某些重点领域存在社会管理方面的监管漏洞，主要包括校外培训托管机构、酒吧等娱乐场所及宾馆行业。一些校外培训托管机构因进入门槛低，在入职审查、日常监管等方面存在管理不到位等安全隐患，容易给犯罪分子以可乘之机。近年来，钢琴、书法、学科老师利用一对一授课机会实施性侵害的案件时有发生。如刘某某猥亵儿童案，其利用开设吉他艺术培训中心从事教育培训的便利条件，对未成年人进行猥亵。又如许某猥亵儿童、强制猥亵案，该补习机构未经教育部门许可从事校外培训、聘用在职中学教师且未取得教师资格证的许某担任培训教师，导致许某对多名补课学生实施猥亵行为。娱乐场所和宾馆行业仍是性侵未成年人案件的高发地。部分酒吧、KTV等娱乐场所对于未成年人无年龄确认手续，宾馆行业容留未成年人在没有监护人陪同下进入，导致未成年被害人在酒吧酒醉后控制能力减弱而遭受性侵，未成年人自愿与他人开房或酒醉后被带至宾馆被侵害的问题较为突出。相关单位及从业人员的禁止性规定、审查询问义务、报告义务等未落实到位。部分未成年被害人不仅进入酒吧，还受雇从事酒水推销工作，在陪酒后遭受性侵。如柯某等七人强奸、聚众斗殴案中，陈某在酒吧陪酒，被柯某等四人叫出来吃烧烤后实施轮奸。

（六）未成年人网络安全保护措施落实不力

随着移动互联网的发展和智能设备的普及，未成年人接触网络的机会越来越多，也越来越低龄化，利用网络性侵未成年人的案例呈高发严峻态势，犯罪形式也越来越多样，包括线上作案和线上联系线下作案（如网友约见面后实施性侵），部分犯罪人通过网络向未成年人发送涉性、色情等图文影像、文字内容以诱骗其发生关系。同时，因网络性侵案件极具隐蔽性，监护人难以及时发现从而落实有效监护。如蒋某某强奸案中，当事人双方通过网络游戏及社交软件熟识后，犯罪人邮寄手机副卡给未成年被害人以脱离其监护人对手机的严格管理。又如袁某猥亵儿童案，袁某以“小朋友”“小公主”“草莓奶昔”等儿童昵称加入儿童常聚集的 QQ 群，与儿童加为好友，再以少量金钱诱惑或以“互看”为由，多次在网络上与多名幼女进行视频裸聊。被害人家长即便关注到孩子使用手机的情况，也并未引起足够的警惕。尽管包括《未成年人网络保护条例》等法律法规陆续出台，但互联网在涉未成年人保护的内容管理和监管维权等方面，仍存在细化操作及有效落实的现实需要，部分平台对聊天内容缺少有效的审核和举报机制，如何有效规制利用互联网实施性侵犯罪的发生仍面临巨大挑战。

四、预防性侵未成年人犯罪的建议

（一）“两个面向”夯实校园防控阵地

一是建立面向学生、教师以及家长的全方位防性侵教育机制。以法治进校园、法治副校长等检校共建机制为契机，开展专项宣传及监督工作。对于学生，应当将性教育和性侵害防范教育分阶段吸收进学校课程当中，通过课堂教学、讲座、主题活动、编发手册等多种形式开展性知识教育、性价值观教育和预防性侵教育，增加学生网络素养课程比重，并通过纳入学校义务教育课程教学评价体系，保证教学效果。对于教师，应当从教师职业常见犯罪、教师侵害学生犯罪预防等方面进行深入教育培训，提升教师防范和应对性侵未成年人案件的水平和技能，实现普法的常态化和普及化。对于家长，督促落实防性侵家庭教育指导，可借助家访、网上课堂、校园 App 等方式为家长提供学习和交流平台，让家长了解到相关的法律知识和防性侵知识，增强家长的法律意识及监护教养能力。

二是严格落实学校入职查询及强制报告制度，完善日常监管和师德建设长效机制。依托各级法律法规及 X 市《未成年人保护入职查询及侵害未成年人案件强制报告制度实施细则（试行）》等规定，严格落实学校教职员工入职查询和从业禁止制度，严把入职关口。健全师德建设长效机制，推行师德考核负面清单制度，提高其自身修养，增强法律意识，建立高素质教师队伍。深入开展以预防性侵为重点的校园安全隐患排查和专项督导工作，健全校园监控设施和宿舍安全设施。完善性侵害投诉和处理机制，指定专人或者专门机构接受和处理被害儿童、学生的投诉，对发现的性侵害线索和苗头要认真核实，及时依法处理。联合公安、工商、民政、乡镇等部门净化学校环境和学校周边环境，为未成年人创造一个良好的成长环境。

（二）“三项机制”强化司法机关参与

一是健全被害未成年人救助机制。建立全方位多途径信息收集和被害人报案方式，包括手机 App 客户端、微信小程序等新媒介，也保留电话、短信、校园内信箱等传统收集媒介。考虑到家庭成员作案的隐蔽性和复杂性，为加强对家庭内部性侵害的监控和法律干预，通过“春蕾安全员”等主体对有潜在风险家庭的定期访问，提高社区对此类问题的敏感性和响应速度。对于未成年被害人，严格落实“一站式”询问机制，提高“一站式”询问室实际使用率，聘请专业的心理咨询师开展心理辅导等司法救助。

二是推行涉案未成年人亲职教育工作机制。落实司法参与各方协作配合的亲职教育工作机制，对家庭成员沟通和相处方式存在明显问题的涉案未成年人，向前延伸及时启动亲职教育和亲子沟通辅导，引导父母以正确方式教育子女，帮助涉罪未成年人树立正确的价值观，矫正不良行为。对于事实无监管的未成年人或监管极为弱化甚至因亲子关系矛盾，对未成年人健康成长起反效果的情况，依法由其他人员担任其监护人或成为事实上的共同监护人，规范临时监护，保证监护效果。

三是落实全领域涉侵害未成年人案件强制报告制度。为切实加强对未成年人的全面综合司法保护，根据各级法律法规及X市《未成年人保护入职查询及侵害未成年人案件强制报告制度实施细则（试行)》等规定，面向国家机关、法律法规授权行使公权力的各类组织及法律规定的公职人员，密切接触未成年人行业的各类组织及其从业人员，实现涉未成年人保护常见领域与行业强制报告监督网格化全覆盖。落实检察机关对侵害未成年人案件强制报告情况开展倒查工作的每案必查监督机制，及时有效惩治侵害未成年人违法犯罪。完善各方协作配合，及时发现、阻断、干预违法犯罪行为，避免未成年人持续遭受侵害。

（三）“四类管理”营造良好社会环境

一是加强网络平台管理。目前，网络平台还普遍存在主动保护意识不足，风险识别能力不够，怠于或疏于监督的情况。而网络监管涉及地域管辖，提起行政诉讼更是具有较大的难度。应从更高层面发布未成年人网络保护风险识别清单，以及对于侵害未成年人身心健康的网络信息执法指南，明晰标准、压实责任。未成年人用户数量巨大或者对未成年人群体具有显著影响的网络平台服务提供者主要是腾讯、百度、微博、抖音、快手、小红书、哔哩哔哩，这些平台所属网信办分别在广东省、北京市、上海市。市网信部门可与以上各地建立未成年人网络保护联动工作机制，以利于及时移交线索，将相关法律规定的保护及惩戒措施落到实处。

二是加强校外托管及培训机构管理。教育主管部门应当落实监管职责，联合其他行政监管部门开展专项治理工作，对于存在安全隐患的、无办学许可证的要大力整治乃至关停，避免“托管班”变成“脱管班”。同时，教育主管部门持续向社会公布“白名单”和“黑名单”，提供网上查询服务，让那些有安全隐患、无资质、有不良行为的校外托管和培训机构没有市场。

三是加强有性侵害犯罪前科人员的管理。有前科人员往往是犯罪的高发人群，而有性侵前科的人员更为危险，公安机关应加强对本辖区内学校、未成年人住所周边的流动人口的管理。依托性侵害未成年人违法犯罪信息库，运用人脸识别及大数据分析技术，对于有犯罪前科特别是性侵害犯罪前科的人员进行重点管控。

四是加强重点场所的社会综合治理。针对酒吧、KTV、网吧、旅馆等性侵未成年人犯罪滋生的重点场所，加强完善监督管理措施，严格限制未成年人进入此类场所。建立重点监管名单，通过不定期检查，约谈负责人督促整改，依法从严追究经营单位和主管人员法律责任。建立履职告知制度，协商公安、文化旅游、人力资源与社会保障等相关职能部门，推动建立对经营主体的法律风险告知和对重点岗位的保护义务告知制度，在工作区域显眼位置尽到提醒义务。建立从业培训机制，确保其从业人员熟知接待未成年人的禁止性规定、审查询问义务、报告义务及相应的法律责任。

（四）“五项保障”提升综合保护质效

一是司法保障。严厉打击性侵害未成年人犯罪。始终坚持“零容忍”严惩态势，对相应主体适用职业禁止和剥夺监护权机制，对于未落实强制报告制度的责任单位和责任人员依法予以处罚，拉紧防性侵“警戒线”，切实起到威慑作用。贯彻落实最高检“一号检察建议”要求。充分发挥检察机关法律监督职能，专人专办提升办理质效，最大限度保障未成年人合法权益。

二是法律保障。完善防性侵未成年人综合系统性保护规定。探索建立地区被害人精神损害赔偿相关规定，将精神损害纳入性侵未成年人案件刑事附带民事诉讼赔偿范围，或明确支持以单独提起民事诉讼的方式来救济其自身权利。细化未成年人网络防性侵相关具体规定及细化监督措施。将适用成熟的“督促监护令”制度上升为具体的法律制度，在《治安管理处罚法》或《家庭教育促进法》中明确规定责任内容，设置强制性法律后果。出台专门意见，完善监护评估及具体安置措施。

三是机制保障。强化数字协作机制，依托大数据建设，建立涉未成年人防性侵数据收集共享、分析研判机制，提升重点领域、重点人群、重点区域的监管，强化线索及隐患的摸排。优化教育分流机制，为降低性剥削未成年人性侵案件的发生，加强未成年人义务教育控辍保学及职业教育的覆盖率和适应性。加强社会实践型职业教育，提高对职业教育的认同感，避免未成年人因学习的挫败感而自暴自弃，成为被害人或施暴者。学习与实践相结合，对于部分经济困难的学生提供食宿及一定补贴，满足未成年人寻求独立生活技能和一定经济支配的需要，让大部分未成年人都能得到最大程度的学校监管。

四是人员保障。健全完善家、校、社协同育人机制，推进社区、社会组织、社会工作者、社区志愿者、社会慈善资源联动做好学生帮扶救助工作，加强专业化司法社工及心理救助、亲子教育等方面人才队伍建设，实现跨部门合力，提升未成年人保护社会支持质量。

五是宣传保障。督促广播、电视、网络等媒体平台承担起正面引导青少年的社会责任，在传播与“性”有关内容时，应充分考虑受众范围，强化传播渠道和内容管制，加大防性侵普法宣传及面向未成年人性教育相关自护知识的推介。同时，面向重点领域、重点人群、重点区域、寒暑假等重点时段加大定向宣传力度，如在居民小区、校园周边加大防性侵公益广告投放力度，注重以通俗易懂、直接明了的方式让保护未成年人的法治意识深入人心，震慑潜在的违法犯罪分子，减少性侵犯罪发案率，为青少年身心健康发展营造良好的社会环境。

域外视野

儿童司法询问：欧洲司法心理学协会建议①

张怡雯　苏怡安*

当儿童成为犯罪、暴力或虐待的被害人时，他们对事件的描述往往是刑事调查中的主要证据。然而，在国际上，无论是在欧洲内部还是其他地区，儿童在调查和司法环境中接受询问的方式存在显著差异。令人担忧的是，某些现行的实务询问方式并非基于证据，甚至可能对儿童以及刑事或民事司法程序的结果造成伤害。

相关科学研究已经明确了如何进行儿童司法询问的黄金标准——最佳实践（best practices）。本"建议"旨在向相关专业人士分享目前儿童司法询问的最新进展，为实务工作者提供一个简明易懂的科

---

* 张怡雯，荷兰马斯特里赫特大学博士候选人，负责翻译《儿童司法询问白皮书：欧洲司法心理学协会基于研究的建议》（以下简称《白皮书》）第六点建议至第十点建议，并对全文翻译进行了调整与补充；苏怡安，美国康奈尔大学博士候选人，《白皮书》共同作者，负责翻译前言至第五点建议。

① 本"建议"由欧洲司法心理学协会根据其出版的《儿童司法询问白皮书：欧洲司法心理学协会基于研究的建议》的摘要而来，英文原文［Child Forensic Interviews：Recommendations by the European Association of Psychology and Law（EAPL）］由《白皮书》的共同作者奥莉维亚·戈麦斯·贝尔（Olivia Gomes Bell）、露娜·菲利波维奇（Luna Filipovic）、亨利·奥特加尔（Henry Otgaar）和茱莉亚·科克曼（Julia Korkman）等共同撰写，并由欧洲司法心理学协会与欧洲犯罪预防与控制研究所共同出版。《白皮书》呈现了在调查和司法环境中进行儿童询问的核心研究结果，并强调以有效、可靠且对儿童友好的方式进行基于证据的儿童司法询问最佳实践，其英文原文已刊载于《心理学、犯罪与法律》期刊（Based on the White Paper on Forensic Child Interviewing：Research - Based Recommendations by the European Association of Psychology and Law，published in Psychology，Crime & Law，2024.）。

学概述，通过如“儿童之家网络”[1]（The Barnahus Network）等重要的实务工作者网络进行传播。

我们的目标是提供一套适用于所有欧洲国家的儿童司法询问最佳实践指南。相关目标还包括帮助专业人士减少询问实践中的非必要和非预期差异，并对可能的有害实践提出预警。这些建议呼应了“儿童之家”标准第 6 条的核心内容，并提供了如何在实践中确保遵循这些建议的信息，同时符合所谓的“门德斯原则”（Mendez Principles）——“调查和信息收集的有效询问原则”。

虽然针对儿童虐待调查设计的询问指南可能需要在其他类型的案件中进行修改，但询问儿童的核心原则适用于所有涉及儿童的司法或其他调查程序，包括儿童作为犯罪嫌疑人的案件、儿童保护服务或其他刑事调查的情境（如人口贩运，其中儿童可能同时被视为受害人和施害人）。

1. 了解儿童受害人与儿童证人

在欧洲及全球各国，各种专业人士都会对可能成为犯罪、暴力或忽视受害人的儿童，或儿童施害人进行询问。没有任何一种专业能确保具备所需的所有领域的专业知识以进行熟练和专业的儿童访谈。询问人员需要对儿童的记忆、语言能力及可能的额外需求、影响儿童与成人交流的社会机制、儿童对成人暗示的易受影响性以及影响披露的各种因素有深入的了解。此外，询问人员还需要理解在询问过程中与儿童建立关系并提供支持的重要性，以及具备在实际询问中创造和维持良好关系的能力。他们还需要了解刑事和民事调查的实务操作，以及进行询问时所涉及的相关法律背景。

2. 基于证据的儿童询问

当对涉嫌虐待的儿童进行询问时，询问应该以富有敏感度且基于

[1] 儿童之家网络，基于欧洲各国推广采用的源自冰岛的“儿童之家”（Barnahus）模式，即以儿童为中心，提供一站式的保护、刑事司法、身心健康等跨领域服务，作为对儿童受害人和目击证人提供迅速获得司法和护理服务的标准做法。

科学的方法进行，遵循基于实证的询问手册，如 NICHD 询问手册或其他基于科学研究的手册，重点在于尽可能获取准确的信息。使用这种开放式问题有助于以非引导的方式调查事件，增加儿童受害人以非引导的方式提供详细陈述的可能性。

3. 询问的阶段及充分准备儿童证人的重要性

建议询问人员按照特定的阶段进行询问；以精心规划的、以儿童为主导的节奏花时间建立融洽的关系，向儿童介绍询问情境，介绍基本规则，进行一次实践性询问，探索调查主题。询问应该以结束环节收尾，确保儿童状态良好，并尽可能向其解释接下来的步骤。整个询问应以儿童为中心，包括努力与儿童建立并维持融洽的关系，并以非引导性的方式给予儿童支持。

结构化的儿童司法询问效果最佳，因此询问应当包括可以帮助儿童披露指控事件的几个阶段。具体如下：儿童司法询问应首先向儿童解释询问的基本规则，这是第一阶段。这些基本规则告诉儿童他们可以期待从询问中得到什么，以及对他们的期待。例如，儿童应被告知，如果他们不理解某个问题或不知道答案，可以直接说出来。第二阶段是与儿童建立融洽关系。可以通过询问儿童喜欢做的事情（如“告诉我你喜欢做的事情”），或者让他们描述最近经历的一件中性或愉快的事件。目的是通过提出开放式问题并进行积极倾听，以及支持儿童的陈述，让儿童感觉到其被认真倾听。在第三阶段，应对儿童进行一次与其自身经历相关但与调查事件无关的实践性询问。例如，询问人员可以问儿童昨天发生了什么。此阶段的目标是让儿童对回忆他们亲身经历的事件感到熟悉，并习惯被问到开放式问题。此阶段的另一个好处是，询问人员也可以练习如何提出开放式问题。在第四阶段，询问人员可以非引导式地询问儿童为何其被询问（如果他们知道原因的话）（如“我现在想谈谈你今天为什么会在这里”）。如果儿童作出陈述，建议尽可能多地使用开放式问题。只有当儿童的回忆枯竭时，询问人员才可以提出针对性问题或封闭式问题（如“事件发生在哪里？”或“是发生在家里还是其他地方？”）。建议在使用这些问题之后，再次提出开放式问题（如“你说事件发生在家里，告诉我更多相关的事情”）。此外，在此阶段，询问人员应询问事件发生了一次还是多次，并询问第一次陈述的相关问题。最后一个阶段，询问人员将结束询问，可以询问儿童是否有其他需要告知的事情，并告诉儿童如果有需要，可以随时联系询问人员。同时，询问人员应尽量帮助儿童以积极的心态结束询问。

调查性询问的阶段应把握以下几点：一是遵循基本规则，对受害人友好并遵循法律规范。二是实践性询问，要使儿童熟悉回忆他们亲身经历的事件，并习惯被询问开放式问题。三是相关介绍，使受害人熟悉询问情境。四是在实质性阶段，以邀请式问题为主导（“告诉我……”）和提示性邀请（“你提到×，告诉我更多……”）。只有当所有可能的信息都通过开放式提问获取后，才能提出更有针对性的问题。五是建立关系方面，在整个询问过程中与儿童建立并维持融洽的关系。六是结束时尽可能告知受害人接下来的流程。

4. 询问人员的心态与假设检验

建议询问人员在规划、进行和评估询问时，进行假设检验，以减少偏见的风险。这意味着询问人员应考虑关于指控事件的可能替代解释，并尝试在询问儿童时探索这些解释的可能性。例如，对虐待的怀疑也可能发生在没有遭受虐待的儿童身上，如对儿童叙述的误解。另外，儿童可能会否认实际发生的虐待经历，如为了保护施害人或由于内疚或羞耻感。使用开放式问题可以减少对某一假设过度关注的可能（如“什么都没发生”）。

下面以涉及监护权争议的身体虐待指控的替代假设示例：儿童确实遭受了身体虐待，并且对此如实陈述情况；儿童确实遭受了身体虐待，但虐待方式与当前指控不一致；儿童没有遭受身体虐待，指控是因为儿童编造了虐待的故事；儿童没有遭受身体虐待，指控是由于误解了儿童的言语、行为或伤害；儿童没有遭受身体虐待，指控是由于家长在监护权争议中教唆儿童撒谎说发生了虐待；儿童没有遭受身体虐待，指控是由于家长（或其他人）出于对虐待实际发生的担心而提出的诱导性问题；其他未预料到的解释。

5. 询问的记录

以电子录音的方式记录询问是必要的，以便查看儿童陈述是如何发展的，清楚地记录已经（和没有）提出的问题，以便评估询问的质量并用于后续的评估。我们建议刑事司法系统尽早进行儿童陈述的录像，以作为法庭证据，从而避免对儿童进行非必要的进一步询问。

6. 询问时的在场人数

建议仅安排必需的人员在场，这样可以减少正式感，使儿童感到更放松，这有助于儿童披露信息。

7. 询问中的文化因素和翻译人员的使用

建议询问人员将文化因素纳入考量，如对性别、性和羞耻感的文化态度，不同的文化可能需要采取不同的（如更长时间的）关系建立策略。如果需要翻译，询问人员应与翻译人员一起准备询问。询问前，询问人员和翻译人员应共同准备以确保了解关键细节，如可能被讨论的话题、可能存在的语言问题或文化差异、准确性的至关重要性以及在何种情况下需要打断。翻译人员应具备官方认证，尽可能应接受过法律和儿童询问方面的专业培训。

8. 询问中玩偶、身体图示和绘画的使用

不推荐使用玩偶或道具，儿童的玩偶游戏或绘画不应被解读为虐待的证据。然而，如果儿童无法说出身体部位的名称或使用了一个不寻常的词语（如“他摸了我的小啵啵”），有时可以使用专门准备的身体图示帮助儿童指明身体部位。

9. 线上儿童询问

线上询问在涉及儿童证人方面显示出良好的效果，但在给出明确的结论性建议之前还需要进一步的研究。目前的建议是尽可能面对面进行询问，除非专家无法到达现场（例如，由于地理位置偏远或紧急情况下需要立即行动）。

10. 询问人员的培训

询问人员应接受专门培训，包括对其询问风格的持续评估和反馈，以确保询问的质量。分阶段提供的培训比一次性的培训更有益。仅限于课堂式的培训效果比包含实践机会和详细反馈的培训效果要差一些。反馈需要及时、持续且具体，重点关注询问人员的沟通模式和提问措辞。应避免暗示性和不适当的选择题。质量控制应包括对记录或观察到的询问的分析，以确定所获取信息的质量和数量，从而确保儿童证词的准确性和实用性。

典型案例

河南省林州市人民检察院
涉未成年人民事判决监督案

【关键词】

未成年人民事判决监督　再审检察建议　法院再审改判

【要旨】

检察机关在开展未成年人民事生效判决案件监督活动过程中，对符合监督条件的要依法履职，通过审查和调查核实、提出再审检察建议、列席法院审判委员会、共同建立机制等方式，在维护未成年人合法权益中积极履职作为，监督纠正此类案件，厘清法律适用，依法保护未成年人合法权益。

【基本案情】

张某某生前与宋某某系好友，2021 年 11 月 9 日，张某某在交通事故中死亡。2023 年 5 月 5 日，宋某某以张某某生前欠自己借款 18000 元，并提供一张签有张某某名字的借据，将张某某的妻子李某某、儿子张某 1（7 周岁）、女儿张某 2（9 周岁）等张某某法定继承人诉至林州市人民法院，要求张某 1 等人承担还款责任。林州市人民法院适用小额诉讼程序审理此案，在开庭审理期间，李某某答辩称自己及子女对原告诉请的 18000 元借款及用途均不知情，也没有见过该借据，张某某生前也未向其作过说明，不认可该笔借款存在，不承担还款责任。林州市人民法院于 2023 年 5 月 19 日作出（2023）豫 0581 民初 4108 号民事判决。判决内容如下："依据《中华人民共和国民法典》第五百零九条、第五百七十七条、第一千零六十四条、第一千一百五十九条，《中华人民共和国民事诉讼法》第六十七条、第一百四十七条规定，判决被告李某某、张某 1、张某 2 在继承张某某遗产范围内偿还原告宋某某借款 18000 元；驳回原告宋某某的其他诉讼请求；本判决为终审判决。"

张某 1、张某 2、李某某于 2023 年 7 月 4 日向林州市人民法院申请再审，林州市人民法院于 2023 年 7 月 21 日作出（2023）豫 0581 民中 25 号裁定，以申请人提供的证据不足以推翻原审判决认定的事实为由，驳回再审申请。

【检察机关履职过程】

（一）受理及审查情况

2023 年 10 月 23 日，申请人李某某、张某 1（7 周岁）、张某 2（9 周岁）不服法院判决，向林州市人民检察院申请监督。检察机关受理后，向法院调取了该案的诉讼卷宗并依法询问了当事人，重点对以下内容进行了审查和调查：一是审查和调查本案是否符合适用小额诉讼程序审理。首先，《中华人民共和国民事诉讼法》及司法解释规定，小额诉讼适用于事实清楚、权利义务关系明确、争议不大的简单金钱给付民事案件。其次，申请人在审理期间，答辩时多次提出对案涉的借据并不知情，也未见过案涉款项，不愿承担还款责任。最后，出具借据的一方当事人在审理前已经去世，无法参加庭审，其借据的来龙去脉已无法查清。因此，该案不符合适用小额诉讼程序审理的条件。二是审查和调查宋某某提供的借据是否能够证实双方借贷关系的真实存在。首先，被申请人宋某某在一审时提交其向张某某支付宝、微信转账记录，载明共向张某某转账 57500 元，但没有提交张某某向宋某某的转账记录。其次，申请人李某某等人在一审时告知法庭有证据证实张某某在同期向宋某某转账共计74100元。最后，被申请人宋某某对张某某借款用途陈述前后不一、存在矛盾，先后使用了“还银行贷款”“替朋友借款”“车上急用”“张某某前前后后借款相加”等理由。因此，被申请人宋某某提供的借据不能证明借贷关系的存在，原判决认定的基本事实缺乏证据证明。

（二）监督意见

林州市人民检察院在对案涉借贷关系是否存在、是否符合适用小额诉讼程序进行审理等进行全面、客观审查和调查后，认为随着借贷一方张某某的去世，宋某某和李某某对借贷事实存在重大争议，且无足够证据能够证实借贷关系成立，本案又涉及两个刚失去父亲的未满10周岁未成年人。适用小额诉讼程序审理该案并让申请人承担还款责任缺乏法律规定和证据证明。遂于2023年11月25日向林州市人民法院提出再审检察建议。

（三）监督结果

2023年12月25日，林州市检察院检察长及未检部门办案检察官列席人民法院审委会，当面通报了提出再审检察建议的事实与理由，法院采纳了检察机关提出的再审检察建议，决定对该案再审。林州市人民法院依法另行组成合议庭开庭审理了本案，采纳了检察机关再审检察建议提出的理由，认为宋某某在原审与再审中对18000元借据陈述不一，多次变化，对宋某某要求申诉人、原审被告偿还其18000元的诉讼请求不予支持，2024年3月25日作出再审判决，撤销原判决中申诉人在继承张某某遗产范围内偿还宋某某借款18000元的责任。

（四）综合履职

该案再审期间正值最高人民法院、最高人民检察院联合印发

《关于规范办理民事再审检察建议案件若干问题的意见》，林州市法检两院以该案为小切口，深入落实意见相关规定，法检两院共同对当事人双方进行释法说理和进行调解，坚持在办理涉未成年人案件时注重综合履职的原则，联合制定《民事再审检察建议案件共同调解规定》，形成法检两院共同调解机制。法检两院运用该调解规定，对双方进行释法说理，最终达到双方服判息诉。

【典型意义】

（一）精准监督涉未成年人生效民事判决，最大化保护未成年人权益

保障未成年人快乐成长、无忧生活，是人民群众对美好生活的向往，也是社会各界义不容辞的社会责任。要充分考虑未成年人由于年幼无助、法律知识欠缺而无法独立保护自身合法权益的现实情况，检察机关可以通过严格监督民事判决，确保未成年人的合法权益得到最大化保护，帮助他们依法维权，进一步加强对弱势群体诉讼权利的保障。

（二）正确理解小额诉讼程序适用条件，坚持程序监督与结果监督并重

根据法律规定，“基层人民法院审理事实清楚、权利义务关系明确、争议不大的简单的民事案件，适用简易程序”。本案在审理过程中，已经发现案件事实不清、当事人权利义务不明的情况下，本应转为普通程序审理，但仍适用小额诉讼程序审理，属于适用审判程序确有错误。检察机关及时进行监督，法院启动再审程序，纠正审判程序上的错误，充分体现了检察机关坚持程序监督与结果监督并重，依法全面履行法律监督、维护司法公正的职能作用。

（三）运用检法联合调解机制，在强化检法两院协作中实现双赢多赢共赢

检法两院可以通过建立检法共调机制，在解决个案纠纷、化解社会矛盾等方面形成合力，促进形成当事人、检察机关、人民法院多方多赢局面。本案中，检察机关依托与法院共建的民事监督案件联合调解机制，发挥各自优势、密切协作，从不同的角度开展促调促和工作，最终促成双方服判息诉，进一步提升了司法办案质效。

山东省寿光市人民检察院构建跨区域协作机制推进未成年人综合司法保护案

【关键词】

综合履职　多元救助　数字赋能　综合治理

【要旨】

寿光市检察院坚持“最有利于未成年人”工作理念，统筹深化未成年人检察“四检合一”。对于涉及多人多省份的刑事案件，检察机关系统内部应当建立跨区域协作机制，打破地区壁垒，开展多元救助工作，全力保护未成年人的合法权益。

【基本案情】

被告人刘某某，男，汉族，1987 年出生。

2016 年 1 月，为牟取不法利益，被告人刘某某等人以外省未成年女性为目标，通过暴力、威胁、利诱等手段在多地组织多名未成年女性从事有偿色情陪侍。

【检察机关履职过程】

（一）成立上下联动办案组，介入侦查引导全面取证

公安机关受案后，依托未成年被害人“一站式”办案救助工作

机制，邀请寿光市检察院介入引导侦查。考虑到该案时间跨度长、涉案犯罪嫌疑人、被害人较多，不断有新的犯罪嫌疑人和被害人交错加入、退出 KTV，且刘某某等人认罪态度较差，侦查工作推进困难，为全面查清案件事实、完善证据体系，确保案件定性准确，成立了由检察长任组长、潍坊市院和寿光市院抽调业务骨干任成员的上下联动办案组，在侦查阶段引导公安机关调整侦查方向，并及时制定继续侦查提纲230余项，移送检察机关后又退回公安机关补充侦查证据253项，为提起公诉和法庭审理奠定了扎实的证据基础。

（二）全面细致审查案件，提起刑事附带民事公益诉讼

检察官结合案件整体事实，在全面细致审查案件后认为，有6名犯罪嫌疑人系直接参与涉案 KTV 运营管理的核心人员，采取非监禁措施会出现犯罪嫌疑人串供的风险，不利于后续的审查起诉及法庭审理，遂依法决定逮捕6名犯罪嫌疑人；针对案件给涉案未成年人及其家庭以及当地控辍保学等工作造成的损失，寿光市检察院依法向寿光市法院提起刑事附带民事公益诉讼，有力维护了国家利益、社会公共利益和未成年人的合法权益。

（三）凝聚保护合力，构建多元救助格局

进一步加强对少数民族户籍未成年人司法保护，会同被害人所在地人民检察院签订了《关于加强未成年人司法保护协作实施方案》，严格落实特殊保护制度，协调开展涉案未成年人干预、救助、矫治、帮教、社会调查等工作，全力保护未成年人合法权益，共同构建未成年人检察合作新格局。针对涉案多名女性未成年被害人部分滞留寿光、大部分已经返回老家或者在异地务工的情况，寿光市检察院第一时间对滞留寿光仍处于义务教育阶段的人员劝返复学；列支专项资金，对困难未成年被害人进行司法救助，发放司法救助金；委托司法社工对女性未成年被害人的家庭教育情况进行评估，向其监

护人制发“督促监护令”；联合心理咨询师、家庭教育指导师组成帮教小组，通过互联网进行远程心理疏导、家庭教育指导；委托当地检察机关协助开展社会调查、自行补充侦查、观护帮教，回访监督等工作。针对案件暴露出的法律缺失问题，制作法治课件、普法小视频，进行线上联合普法宣传、法治副校长视频共享课堂等活动，进一步提升两地司法保护质效。

（四）加强综合治理，力求以案促治

搭建“寿保护”未成年人保护法律监督模型，聚焦酒吧、KTV、酒店等领域，通过数据筛查，分类统计出未成年人在同一地点持续投诉报警的情况，联合公安机关对以上情况进行跟踪调查。同时，针对利用模型发现的 KTV、酒吧等娱乐场所违规雇用未成年人、住宿经营场所违规接待未成年人入住等问题，依职权向相关职能部门制发检察建议，督促其依法履职。联合市公安局、市文旅局、市市场监督管理局等部门单位召开联席会议，监督开展针对 KTV、酒吧、慢摇吧等娱乐场所无证无照违规经营专项整治行动，以及校园周边文化环境治理专项行动，重点对 KTV 等娱乐场所违规提供有偿陪侍及违规接纳未成年人、未悬挂未成年人禁入或者限入标志等违法经营行为进行查处，共检查各类经营场所 27 家，查处整改问题 20 余个，关停 5 家无证经营歌舞娱乐场所，做深做实未成年人司法保护工作“抓前端、治未病”，有力护航未成年人健康成长。

【典型意义】

（一）做实司法为民，守护少年成长

聚焦司法为民根本宗旨，检察机关办理涉未成年人刑事案件，贯彻最有利于未成年人的原则，积极践行特殊、优先保护的司法理念，充分释放未成年人检察制度效能，采取最有利于未成年人的协同举

措，实现未成年人利益最大化。

（二）强化数字赋能，提升办案质效

聚焦法律监督根本职责，善于通过办案发现社会问题。注重数字赋能，发挥大数据对法律监督工作的提质增效作用，善于在重点行业、重点领域发现类案监督线索，拓宽未成年人司法保护覆盖面，增强未成年人司法保护质效。

（三）加强区域协作，助力社会治理

聚焦未成年人综合保护，加强本地区跨部门协同配合，汇聚社会资源，以更强的综合保护合力，为未成年人筑起全方位、立体化、宽领域的保护屏障。对于涉及多人多省份多地区的刑事案件，检察机关系统内部应当建立跨区域协作机制，打通地区壁垒，协力开展社会调查、家庭教育指导、心理疏导、司法救助、控辍保学等多元救助工作，全力保护未成年人的合法权益。

吉林省四平市铁东区人民检察院控辍保学综合履职案

【关键词】

九年义务教育　控辍保学　综合履职　诉前检察建议

【要旨】

百年大计，教育为本。最高检和教育部联合印发的《关于建立涉案未成年人控辍保学协作配合机制的意见》，细化了未成年人检察与教育行政管理协作配合机制，加强了涉案未成年人控辍保学工作。检察机关通过在案件办理过程中发现线索，积极综合履职，制发诉前检察建议达到社会治理效果。

【基本案情】

四平市铁东区检察院办理的宋某某盗窃案中，宋某某犯罪时系年满16周岁不满18周岁的未成年人，在对宋某某的讯问过程中了解到，宋某某在中学阶段时即因学习成绩不好，学习兴趣不足，不想上学而辍学进入社会。后经调查发现，石某某强奸案中，14周岁的被害人李某某因学习成绩不好，不想继续上学，在小学阶段就辍学。刘某某故意伤害案中，刘某某因不想上学在中学阶段就辍学进入社会，与闲散人员聚集，并拒绝老师的返校邀请，该案中的一名证人张某某也是因厌学，与社会闲散人员交往，在中学阶段辍学并拒绝老师的返校邀请，经常与闲散人员聚集，因盗窃他人财物、伤害他人被行政处罚。赵某某强奸案中，赵某某因本人不愿意上学而在中学阶段就辍学进入社会。对上述几名义务教育阶段辍学人员，铁东区教育局作为教育行政主管部门，未能及时掌握辍学未成年人信息并对其采取劝返措施，其怠于履职可能侵害未成年人合法权益。

【检察机关履职过程】

（一）开展前期调查工作，走进未成年人内心世界

检察官在办案过程中先后询问了多名涉案未成年犯罪嫌疑人和证人，详细了解他们受教育状况和辍学的原因、时间等情况，并了解辍学以后他们的生活状态和辍学带来的影响。经了解，涉案未成年人辍学存在学习兴趣缺失、交友不当、家长失管失教等共性原因。检察官认为，学校和相关职能部门应加强对失学辍学未成年人的监管力度，从未成年人内心世界出发，深入了解未成年人，帮助他们消除失学辍学思想，并做好劝导复学工作。

（二）召开座谈会，制定工作办法

与铁东区教育局开展座谈会，从不同职能角度出发，针对案件中有关未成年人未完成九年义务教育的现象以及控辍保学工作情况进行深入交流。经过充分沟通，就控辍保学协作配合工作达成共识，根据最高检、教育部联合印发的《关于建立涉案未成年人控辍保学协作配合机制的意见》与铁东区教育局联合签署了《关于建立涉案未成年人控辍保学协作配合机制的意见》，进一步推动“六大保护”协同发力，织牢未成年人保护网，守护未成年人健康成长。

（三）综合履职，制发诉前检察建议

制发检察建议，督促教育部门加强对未成年人控辍保学工作的重

视程度，依法综合履职。铁东区检察院向铁东区教育局制发行政公益诉讼诉前检察建议，督促其开展学籍管理工作，利用学籍信息管理系统做好辍学学生标注登记工作，确保学籍系统信息与实际情况一致，及时进行劝返复学，切实保障义务教育阶段未成年人的受教育权。

（四）加强宣传，控辍保学

铁东区院检察干警利用法治进校园活动，邀请家长参加，在普法课堂上讲解《未成年人保护法》《义务教育法》中关于未成年人受教育权利的相关法律知识，实现“法治思维 + 家庭教育 + 亲职教育 + 社会治理”一体化，从家庭方面杜绝未成年人辍学现象。同时，未检干警对在办案中发现的失学辍学的涉案未成年人家长开展家庭教育指导，让家长深刻认识到接受九年义务教育对孩子未来人生的有利影响，指导监护人用心、用爱、用法履行监护职责。

【典型意义】

铁东区检察院以办理的涉未成年人刑事案件为切入口，深入研判案件背后存在的共性问题，在总结归纳后开展控辍保学工作。通过与相关职能部门座谈交流，建立信息共享、联合协作、齐抓共管机制，有效促进严重不良行为青少年迷途知返。

《未成年人检察》投稿要求

一、稿件内容要符合国家政策精神和意识形态要求，符合司法改革方向，具有时效性。

二、稿件内容要遵守学术规范，尊重他人的著作权，严禁抄袭、剽窃等侵犯著作权行为，具有原创性。

三、投稿篇幅一般不超过8000字，重要稿件一般不超过2万字，稿件内容不涉密。

四、稿件中应包含以下项目：

1. 标题。标题不超过20个字，可分主副标题。

2. 作者署名。作者姓名后加＊号，作者简介以脚注形式放首页末。依次标明作者姓名、工作单位、职务职称、联系电话、通信地址、邮政编码等。若为基金项目或课题成果，还应标明项目或课题批准的年度、名称及批准号。

3. 正文。文内各级标题应简短（不超过20个字）、明确，正文内标题层级一般采用"一"、"（一）"、"1."、"（1）"的形式。涉及法律加书名号。

4. 注释。文中引用数据和他人观点必须注明出处，采用脚注形式。引用的专著应依次标明作者、书名、出版社、出版年、页码，如周鲠生：《国际法》（上册），商务印书馆1976年版，第294～298页；期刊文章应依次标明作者、文章名、刊名、年、期，如王家福、刘海年、李步云：《论法制改革》，载《法学研究》1989年第2期；报纸文章应依次标明作者、文章名、报纸名、年、月、日、版，如王启东：《法制与法治》，载《法制日报》1989年3月2日，第2版。

五、投稿请采用 word 或 wps 文档格式，以附件形式发送，如有图片请单独发送，勿粘贴在文档格式中。稿件电子版邮件发送主题和附件文档名均请标明单位名（院名用简称，县和县级市还应标明所属地级市名称）、第一作者名、标题名、发送日期，作者联系方式。文章内文首页左上角请标明拟投栏目。修改后稿件标题和发送主题务必标注新的发送日期，与原稿件以示区别。

投稿邮箱(内网)：jct9_ba4@ gj. pro

(外网)：116077087@ qq. com

2025 年《未成年人检察》征订单

《未成年人检察》是由最高人民检察院未成年人检察厅主办的连续性业务指导用书，主要包括政策指导类、业务研讨类、专题类栏目。政策指导类含特稿、大检察官专论、权威解读、理论前沿等栏目，业务研讨类含工作研究、业务论坛、典型案例、调研报告、地方经验等栏目，专题类含域外视野、办案札记、规范性文件等栏目。

《未成年人检察》自 2016 年创刊以来，受到全国检察系统未成年人检察部门工作人员和社会各界未成年人保护工作者及专家学者的广泛关注和好评。2025 年《未成年人检察》拟出版四期，总价 240.00 元，面向全国公开发行，欢迎各级人民检察院和相关部门订阅。

附件：2025 年《未成年人检察》传真回执单

2025年《未成年人检察》传真回执单

订购单位名称		收书人	
地　址		电　话	
单位统一信用代码			
电子发票接收邮箱			

代码	书　名	定价（元）	订　数	金　额
W2025	未成年人检察（2025年1–4期）	240.00		
合计金额	万　仟　佰　拾　元整			
备注：款到三个工作日左右，发票发送至您的邮箱！				

订购方式

第一种：网站订购（www.zgjccbs.com）（不用发传真、款到开票）

1. 网站下单，直接在线支付（微信、支付宝）
2. 网站下单，银行汇款需备注订单编号后6位数字

网站订购负责人张惠 010–86423745、18101137669　　技术咨询 010–86423763

第二种：微信订购（仅支持微信在线支付）

1. 使用微信扫描右侧二维码可直接在线订购
2. 了解最新书讯请关注“中国检察出版社”微信公众号

第三种：传真订购

书款汇至出版社账号后，请传真订书回执单至 010–68659465

中国检察出版社账户信息

户　名：中国检察出版社有限公司　　**账　号：**11050164860000000056

开户行：建设银行北京西山枫林支行　　**行　号：**105100050751

中国检察出版社各省订购负责人：

盛　丹 010–86423727　18101137660（微信同号）传真：010–68659465

北京、天津、山西、陕西、河北、黑龙江、吉林、辽宁、内蒙古、青海、山东

董艳芬 010–68423726　18101137661（微信同号）传真：010–68659465

河南、浙江、江苏、安徽、上海、福建、甘肃、江西、新疆、西藏

薛建娜 010–86423728　18101137662（微信同号）传真：010–68636539

广东、广西、海南、重庆、四川、云南、贵州、湖北、湖南、宁夏